新 HSK 쓰기공략 5급

고은미 지음

Language Publishing Co.

머리말

줄곧 일관된 형식을 고수하던 HSK(중국어 능력 시험)가 2010년 드디어 새로운 모습을 드러냈습니다. 新 HSK가 시행된 지도 어언 일 년을 훌쩍 넘겨, 이제는 어느 정도 정착된 모습을 보여주고 있습니다. 시행 초기에 난이도에 있어서 진통을 겪었는데, 예상 밖으로 난이도의 큰 조정 없이 문제가 지금까지 일정한 수준을 유지하고 있습니다. 시험을 준비하는 학습자들에게는 더 할 나위 없는 좋은 소식일 것입니다.

사실 新 HSK로 바뀌는 과정에서 저희 전문 강사들은 가장 발 빠르게 대처했습니다. 新 HSK의 문제 유형과 출제 경향을 파악하고 이와 같은 새로운 변화에 맞서 새로운 학습 방향을 세우고 새로운 교수법을 시도해 보았습니다.

그 과정에서 저는 쓰기 영역 교수법에 남다른 관심을 가지게 되었습니다. 아시다시피, 旧 HSK에서 新 HSK로 바뀌는 과정에서 가장 두드러지는 변화는 쓰기 영역의 추가입니다. 쓰기 영역은 旧 HSK의 문제 유형에 익숙해져 있는 학습자들이 가장 어려워하고, 또한 두려워하는 영역입니다. 또한 어법적으로 정확한 문장을 구사하지 못한다면 절대로 쓰기를 잘 할 수 없습니다. 학습자들의 이런 고충을 이해하여 저는 어떻게 하면 짧은 시간 내에 효율적으로 학습자들의 쓰기 실력을 향상 시킬 수 있을까 골몰하게 되었습니다.

실제로 저의 교수법대로 현장에서 학습자들을 지도하여 실력을 향상하고, HSK 시험을 통해 결과를 받아보는 검증 과정을 통해, 강사로서 자신있게 모든 사람들에게 보여줄 수 있는 하나의 新 HSK 5급 쓰기 학습의 메커니즘을 완성하게 되었습니다. 아주 간단한 중국어 문장 하나도 말하고 쓰지 못하던 학생이 제 수업방식을 통해 일취월장 하는 모습을 보면서 '바로 이거다!'라는 생각이 들었고, 이렇게 교재로까지 출간하게 되었습니다. 본 5급 쓰기 교재는 저의 강의 노하우가 100% 담겨있는 알찬 교재로 여러분이 잘 활용하시면 新 HSK 5급 쓰기 학습에 큰 도움이 될 거라고 믿어 의심치 않습니다.

본 교재가 중국어라는 긴 여정에서 아직도 길을 헤매고 있는 여러분에게 등불과 같은 존재가 되기를 바라며, 부족한 제가 지금의 자리에 있을 수 있도록 이끌어 주신 저의 모든 은사님들과 저를 믿고 잘 따라와 준 저의 학생들에게 감사하다는 말을 전하며 이 글을 마칩니다.

고 은 미

新 HSK 5급 쓰기 유형

新 HSK 5급은 총 100문제로 듣기, 독해, 쓰기 세 영역으로 나뉜다. 新 HSK 5급 성적표에는 듣기, 독해, 쓰기 세 영역의 점수와 총점이 기재된다. 각 영역별 만점은 100점이며, 총점은 300점 만점으로 총점이 180점 이상이면 합격이다. 그 중에서 쓰기는 제1부분과 제2부분으로 나뉘며 제1부분 8문항, 제2부분 2문항으로 총 10문항이 출제된다. 쓰기 시간은 40분이다.

第一部分

第一部分，共8题。每题提供几个词语，要求考生用这几个词语写一个句子。

제1부분은 총 8 문항이다. 모든 문제는 여러 개의 단어가 제시된다. 응시자는 주어진 단어를 사용하여 하나의 문장을 만든다.

例如

91 发表   这篇论文   什么时候   是   的

　　_____?

答案：这篇论文是什么时候发表的?

第二部分

第二部分，共2题。第一题提供几个词语，要求考生用这几个词语写一篇80字左右的短文；第二题提供一张图片，要求考生结合图片写一篇80字左右的短文。

제2부분은 총 2문항이다. 첫 번째 문항에서는 여러 개의 단어가 제시되며, 응시자는 제시된 단어들을 사용하여 80자 내외로 구성된 단문을 작성한다. 두 번째 문항에서는 하나의 그림이 제시되며, 응시자는 그 그림을 근거로 80자 내외로 구성된 단문을 작성한다.

例如

99 请结合下列词语(要全部使用)，写一篇80字左右的短文。

　　　元旦　　放松　　礼物　　表演　　善良

答案：略

100 请结合下列图片写一篇80字左右的短文。

答案：略

교재 구성 및 활용방법

쓰기의 기본은 다양한 어휘를 사용해서 문장을 구성하는 거예요. 본 교재는 자주 출제되는 20개의 주제를 선별하여 그 주제에 맞는 방대한 어휘를 제공해요.
문제를 풀기전에 한국어 뜻을 보고 중국어 표현을 유추해 본 후, 중국어와 병음을 확인해 보세요. 어휘 공략을 통해 쓰기의 기초를 탄탄하게 다져보세요.

어법 지식을 다진 후 확인학습을 할 수 있는 부분으로 구성했어요. 어법 지식을 활용하여 어순에 맞게 문장을 배열한 후, 한 줄 팁을 통해 논리적 근거를 확인해 보세요. 짧고 간결한 설명이 명확한 이해를 도울거예요.

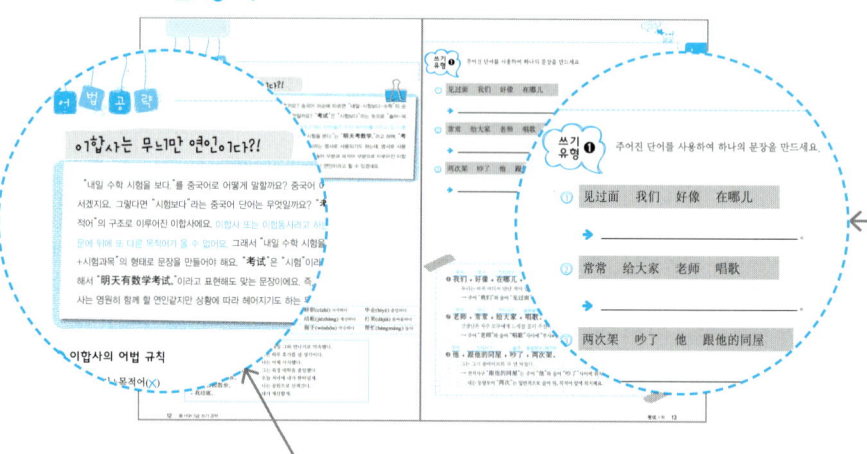

쓰기 제1부분은 제시된 단어를 어순에 맞게 배열해서 문장을 완성해야 해요.
어순에 맞게 문장을 배열하기 위해서는 제시된 단어로 만들 수 있는 문형을 파악하는게 관건이에요. 어법 공략은 자주 출제되는 문형을 완벽하게 분석하여 20개의 주제로 어법 내용을 구성했어요.
쉽고 간결하게 제시된 어법공략을 통해 어법 지식의 깊이를 더해보세요.

제시어 쓰기 공략

제시어를 사용해서 80자 정도의 이야기를 구성해야 해요. 제시어의 품사와 뜻을 이해하는 것 뿐만 아니라 정확한 搭配를 찾아서 자연스럽게 문장을 만드는 것이 무엇보다 중요해요.
제시어와 함께 사용되는 搭配를 학습하여 원어민같은 어휘구사 능력을 키워보세요.

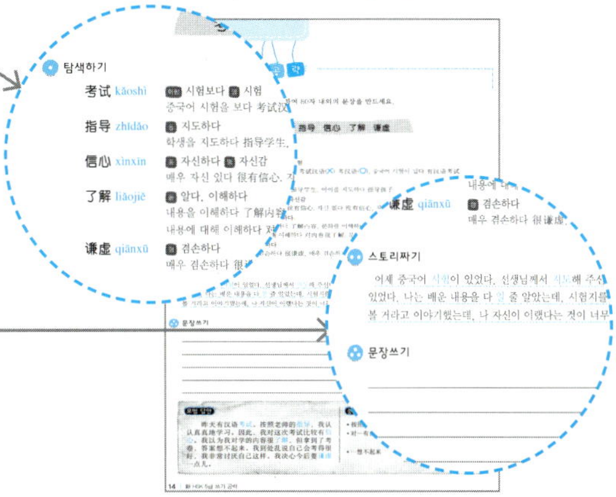

제시어를 보고 이야기의 대강을 구상했다면 기승전결에 맞춰 한국어 문장을 만들어 보세요.
구상한 한국어 문장을 중국인의 언어습관에 맞게 써 나가는 것이 중요하므로, 제시된 모범 답안을 통해 쓰기 표현 능력을 배양해 보세요. 평소에 알고 싶었던 표현들이 중국어로 어떻게 표현되는지 알 수 있을거에요.

사진 쓰기 공략

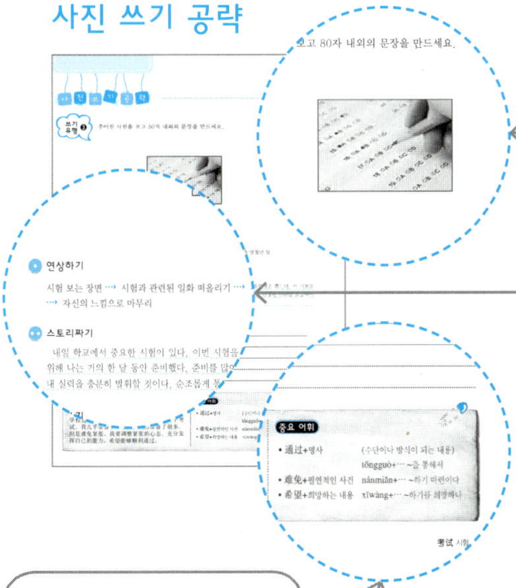

사진을 보고 80자 정도의 이야기를 구성해야 해요. 사진과 관련된 이야기를 구성하기 위해서 브레인스토밍 방법을 사용하여 자유롭게 생각의 날개를 펼치세요. 제시된 브레인스토밍 과정이 이야기 구성을 쉽게 만들어 줄거에요.

브레인스토밍 과정을 통해 구상한 이야기를 기승전결에 맞게 한국어 문장으로 만들어 보세요.
구상한 한국어 문장을 중국인의 언어습관에 맞게 써나가는 것이 중요하므로, 제시된 모범답안을 통해 쓰기 연습을 해보세요. 평소에 알고 싶었던 표현들이 중국어로 어떻게 표현되는지 알 수 있을거에요.

사진 쓰기 모범예문에 사용된 중요 어휘를 알아두세요. 자주 사용되는 중요 어휘를 내 것으로 만든다면 쓰기 실력을 백배 향상할 수 있어요.

기출모의고사 5회

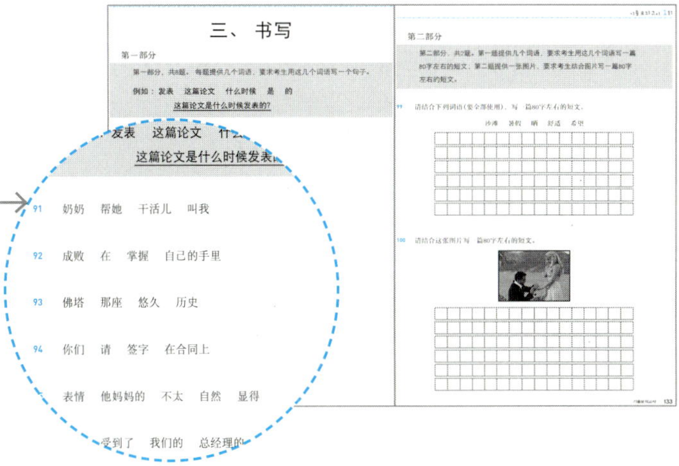

마지막 부분에 최신 기출문제를 활용한 기출모의고사 5회분을 수록하였어요. 총 20과의 학습이 끝난 후, 실전연습을 위한 최종 마무리로 기출모의고사를 통해 자신의 쓰기실력을 확인해 보세요.

新 HSK 5급 쓰기 공략 | 5

新 HSK 5급 쓰기 Q & A

학습자들의 궁금증을 속 시원히 해결해주는 Q&A

1 **Q** : 쓰기를 잘 못해서, 쓰기영역 점수가 낮으면 합격을 못하나요?

A : 新 HSK는 영역별 과락이 없어서 한 영역의 점수가 낮아도 총점이 180이상이면 합격입니다.

2 **Q** : 쓰기영역 1부분은 어법 문제인가요?

A : 쓰기영역 1부분은 가장 기본적인 어법을 바탕으로 문장을 완성하는 형식입니다. 5급 어휘를 테스트하는 영역이며, 30%는 어법 70% 어휘를 평가한다고 볼 수 있습니다.

3 **Q** : 쓰기영역 2부분은 원고지를 가득 채워야 하나요?

A : 기본적으로 80칸만 채우면 됩니다. 조금 모자라거나 조금 넘어가도 됩니다.

4 **Q** : 사진보고 쓰기의 내용은 어떤 형식의 글로 써야 하나요?

A : 형식의 제한은 없습니다. 다만 그림과 관련성이 있어야 합니다. 줄거리를 가지고 있는 글도 괜찮고, 객관적인 상황을 서술하고 자신의 의견을 제시하는 논설문 형식의 글도 괜찮습니다. 기본적으로 사진의 상황에 맞아야 하고, 어법에 맞으며, 짜임새 있는 글이라면 좋은 성적을 받을 수 있습니다.

5 **Q** : 점수 배점은 어떻게 되나요?

A : 출제 기관에서 점수 배점 공개를 정확히 하고 있지는 않습니다. 그래서 특히 쓰기영역 2부분은 정확한 점수를 계산하기가 쉽지 않습니다. 대략 쓰기영역 1부분은 총 8문항으로 한 문항당 5점으로 간주하며, 제시어쓰기영역(80자 내외)은 30점, 사진쓰기영역(80자 내외)도 30점으로 보고 있습니다.

新 HSK 5급 쓰기 고득점 노하우

이것만 지키면 고득점은 문제없다!

① 정확히 모르는 한자는 쓰지 말고, 정확히 아는 한자로 쓰기.
　★헷갈리는 한자는 독해 지문에서 찾아 쓰기.

② 스스로 문장을 만들지 말고, ★문법적으로 정확한 알고 있는 문장만 응용해서 쓰기.

③ 반드시 재검토하고, 검토하면서 ★주어, 술어, 목적어가 제대로 갖추어져 있는지, 문장 부호와 띄어쓰기가 제대로 지켜졌는지 확인.

④ 접속사 문형, 한 두 개정도 꼭 넣어서 문장을 매끄럽게 만들기.

⑤ 짧지만 기승전결이 완전한 내용의 글을 쓰기. 내용이 전개되다 말거나 중간에 끊긴 듯한 느낌이 들지 않도록 통일성 갖추기.

⑥ 과도한 직접 인용문과 헷갈리는 문장 부호의 사용은 피하기.

⑦ 한 문장을 다 쓰고 나서 반드시 마침표를 찍기. 중국어의 마침표는 한국어의 마침표와 다른데, ★속이 빈 마침표(。)를 사용하기.

⑧ ★중국어 원고지 사용법을 지키기.
　☞ 맨 앞에 두 칸 띄우기, 단락의 구분 역시 두 칸 띄우기.
　☞ 기본적으로 문장 부호 하나는 한 칸에 넣기.
　☞ 줄의 첫 칸에 문장 부호는 나올 수 없음.

차례

新 HSK 5급 쓰기공략

第一课	考试	시험	주요 어법 ▶ 이합사	10
第二课	假期	휴가	주요 어법 ▶ 연동문	16
第三课	旅游	여행	주요 어법 ▶ 부사와 부사어	22
第四课	工作	일	주요 어법 ▶ 把자문	28
第五课	健康	건강	주요 어법 ▶ 구조조사 的 地 得	34
第六课	环境	환경	주요 어법 ▶ 사역문	40
第七课	天气	날씨	주요 어법 ▶ 부사	46
第八课	约会	약속	주요 어법 ▶ 가능보어	52
第九课	社会	사회	주요 어법 ▶ 동량보어	58
第十课	外语	외국어	주요 어법 ▶ 피동문	64
第十一课	交通	교통	주요 어법 ▶ 过의 완료용법	70
第十二课	营养	영양	주요 어법 ▶ 能과 会	76
第十三课	教育	교육	주요 어법 ▶ 비교문	82
第十四课	留学	유학	주요 어법 ▶ 목적어	88
第十五课	节日	명절	주요 어법 ▶ 명사술어문	94
第十六课	家庭	가정	주요 어법 ▶ 是…的 강조용법	100
第十七课	爱好	취미	주요 어법 ▶ 완료의 동태조사 了	106
第十八课	结婚	결혼	주요 어법 ▶ 묘사의 동태조사 着	112
第十九课	体育	스포츠	주요 어법 ▶ 동사 뒤 전치사구	118
第二十课	因特网	인터넷	주요 어법 ▶ 존현문	124

기출모의고사

기출모의고사 1회	132
기출모의고사 2회	134
기출모의고사 3회	136
기출모의고사 4회	138
기출모의고사 5회	140

기출모의고사 해설

기출모의고사 1회 해설	144
기출모의고사 2회 해설	147
기출모의고사 3회 해설	150
기출모의고사 4회 해설	153
기출모의고사 5회 해설	156

| 답안카드 | 159 |

新 HSK 5급 쓰기 공략

시험 | 휴가 | 여행 | 일 | 건강 | 환경 | 날씨 | 약속 | 사회 | 외국어 | 교통 | 영양 | 교육 | 유학 | 명절 | 가정 | 취미 | 결혼 | 스포츠 | 인터넷

第 1 课

考试 시험

시험을 보다	参加考试	cānjiā kǎoshì
중간고사	期中考试	qīzhōng kǎoshì
기말고사	期末考试	qīmò kǎoshì
과목	课 科目	kè kēmù
필기시험	笔试	bǐshì
면접시험	面试	miànshì
문제를 풀다	做题	zuòtí
시험지를 나눠주다	发考卷	fā kǎojuàn
시험지를 제출하다	交考卷	jiāo kǎojuàn
답안이 생각나지 않다	答案想不起来	dá'àn xiǎng bù qǐlái
시험이 끝나다	考完试 考试结束	kǎowán shì kǎoshì jiéshù

☐ 성적을 발표하다	宣布成绩 公布成绩	xuānbù chéngjì gōngbù chéngjì	
☐ 성적이 나오다	成绩出来	chéngjì chūlái	
☐ 성적이 아직 나오지 않았다	成绩还没出来	chéngjì hái méi chūlái	
☐ 성적이 우수하다	成绩优秀	chéngjì yōuxiù	
☐ 성적이 매우 나쁘다	成绩很差	chéngjì hěn chà	
☐ 시험을 망치다	考砸 考糟	kǎozá kǎozāo	
☐ 일등을 하다	考第一 得第一名	kǎo dì yī dé dì yī míng	
☐ 꼴찌를 하다	倒数第一名	dàoshǔ dì yī míng	
☐ 빵점을 맞다	考鸭蛋	kǎoyādàn	
☐ 공부를 잘하다	学习很好	xuéxí hěn hǎo	
☐ 공부를 못하다	学习不好	xuéxí bù hǎo	
☐ 밤을 새다	开夜车	kāiyèchē	
☐ 커닝을 하다	作弊 看别人的答案	zuòbì kàn biérén de dá'àn	
☐ 커닝을 하다 선생님께 걸리다	作弊被老师发现	zuòbì bèi lǎoshī fāxiàn	
☐ 선생님께 혼나다	被老师批评	bèi lǎoshī pīpíng	
☐ 매일 공부하는 습관을 기르다	养成每天学习的习惯	yǎngchéng měitiān xuéxí de xíguàn	
☐ 공부하는 것을 좋아하지 않다	不爱学习	bú ài xuéxí	
☐ 공부하는 것을 좋아하다	很爱学习	hěn ài xuéxí	

이합사는 무늬만 연인이다?!

"내일 수학 시험을 보다."를 중국어로 어떻게 말할까요? 중국어 어순에 따르면 "내일+시험보다+수학"의 순서겠지요. 그렇다면 "시험보다"라는 중국어 단어는 무엇일까요? "考试"은 "시험보다"라는 뜻으로 "술어+목적어"의 구조로 이루어진 이합사에요. 이합사 또는 이합동사라고 하는 단어들은 이미 목적어를 가지고 있기 때문에 뒤에 또 다른 목적어가 올 수 없어요. 그래서 "내일 수학 시험을 본다."는 "**明天考数学。**"라고 하며, "**考**+시험과목"의 형태로 문장을 만들어야 해요. "考试"은 "시험"이라는 명사로 사용되기도 하는데, 명사로 사용해서 "**明天有数学考试。**"이라고 표현해도 맞는 문장이에요. 즉, 술어 부분과 목적어 부분으로 이루어진 이합사는 영원히 함께 할 연인같지만 상황에 따라 헤어지기도 하는 무늬만 연인이라고 할 수 있겠네요.

이합사의 어법 규칙

❶ 이합사+목적어(✗)
  毕业+大学(✗)
  大学+毕业(○) 대학을 졸업하다.

❷ 전치사구+이합사
  跟他见面。 그와 만나다.

❸ 동량보어, 시량보어, 了, 着, 过는 이합사 사이에 위치함
  请一天假。 하루 휴가 내다.
  打过一次架。 한 번 싸웠다.

❹ 대표적인 이합사

见面(jiànmiàn) 만나다	请假(qǐngjià) 휴가 내다	辞职(cízhí) 사직하다	毕业(bìyè) 졸업하다
请客(qǐngkè) 한 턱내다	散步(sànbù) 산책하다	结账(jiézhàng) 계산하다	打架(dǎjià) 몸싸움하다
吵架(chǎojià) 말다툼하다	跑步(pǎobù) 달리다	握手(wòshǒu) 악수하다	帮忙(bāngmáng) 돕다

- 我约好明天跟他见面。   나는 내일 그와 만나기로 약속했다.
- 我打算请一天假。   나는 하루 휴가를 낼 생각이다.
- 我昨天辞职了。   나는 어제 사직했다.
- 他是北京大学毕业的。   그는 북경 대학을 졸업했다.
- 今天晚上我请客。   오늘 저녁에 내가 한턱낼게.
- 我去公园散步。   나는 공원으로 산책간다.
- 我结账。   내가 계산할게.

쓰기 유형 ❶ 주어진 단어를 사용하여 하나의 문장을 만드세요.

① 见过面　我们　好像　在哪儿

➡ _____。

② 常常　给大家　老师　唱歌

➡ _____。

③ 两次架　吵了　他　跟他的同屋

➡ _____。

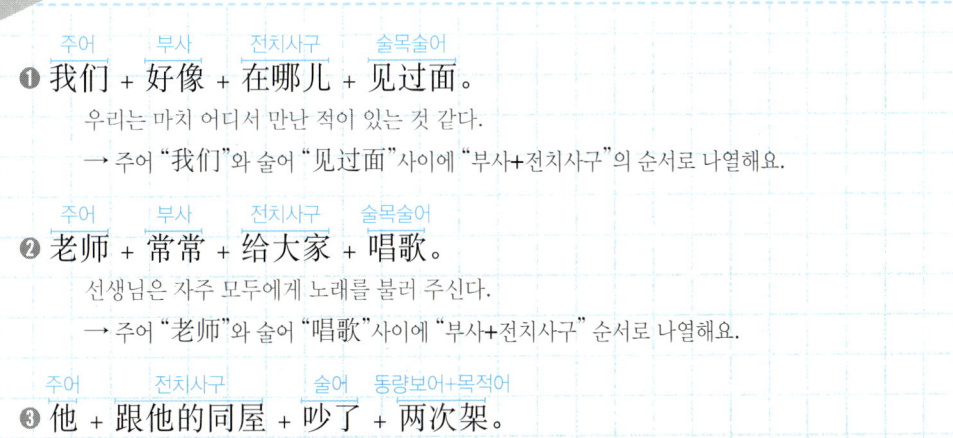

제시어 쓰기 공략

쓰기 유형 ❷ 주어진 단어를 사용하여 80자 내외의 문장을 만드세요.

考试 指导 信心 了解 谦虚

🔵 탐색하기

考试 kǎoshì [이합] 시험보다 [명] 시험
중국어 시험을 보다 考试汉语(✗) 考汉语(○), 중국어 시험이 있다 有汉语考试

指导 zhǐdǎo [동] 지도하다
학생을 지도하다 指导学生, 아이를 지도하다 指导孩子

信心 xìnxīn [동] 자신하다 [명] 자신감
매우 자신 있다 很有信心, 자신 없다 没有信心, 자신이 넘치다 充满信心

了解 liǎojiě [동] 알다, 이해하다
내용을 이해하다 了解内容, 문화를 이해하다 了解文化,
내용에 대해 이해하다 对内容很了解, 문화에 대해 이해하다 对文化很了解

谦虚 qiānxū [형] 겸손하다
매우 겸손하다 很谦虚, 매우 겸손하게 말하다 很谦虚地说

🔵 스토리짜기

어제 중국어 시험이 있었다. 선생님께서 지도해 주신대로 열심히 공부했다. 그래서 이번 시험에 어느 정도 자신이 있었다. 나는 배운 내용을 다 알 줄 알았는데, 시험지를 받아보니 답이 생각나지 않았다. 나는 여기저기에 시험을 잘 볼 거라고 이야기했는데, 나 자신이 이랬다는 것이 너무 싫었다. 앞으로 좀 겸손해져야겠다.

🔵 문장쓰기

모범 답안

　　昨天有汉语考试。按照老师的指导，我认认真真地学习。因此，我对这次考试比较有信心。我以为我对学的内容很了解，但拿到了考卷，答案想不起来。我到处乱说自己会考得很好，我非常讨厌自己这样。我决心今后要谦虚一点儿。

중요 어휘

- 按照+… ànzhào+… ~에 따라서
- 对…有信心 duì… yǒu xìnxīn ~에 대해서 자신이 있다
- …想不起来 …xiǎng bù qǐlái ~이 생각나지 않는다

 주어진 사진을 보고 80자 내외의 문장을 만드세요.

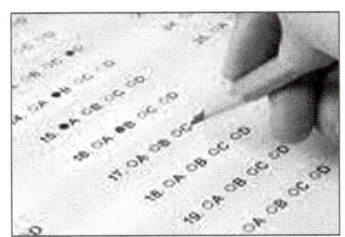

🔵 연상하기

시험 보는 장면 ···▶ 시험과 관련된 일화 떠올리기 ···▶ 시험을 잘 보았던 일 또는 시험을 망쳤던 일
···▶ 자신의 느낌으로 마무리

🔵 스토리짜기

내일 학교에서 중요한 시험이 있다. 이번 시험을 통해서, 학교는 외국에 가서 공부할 유학생을 뽑는다. 이 시험을 위해 나는 거의 한 달 동안 준비했다. 준비를 많이 했는데, 긴장이 되는 건 어쩔 수 없었다. 긴장된 마음을 조절하여 내 실력을 충분히 발휘할 것이다. 순조롭게 통과하기를 바란다.

🔵 문장쓰기

모범 답안

　　明天学校有重要的考试。通过这次考试，学校选拔去外国读书的留学生。为了这个考试，我几乎准备了一个月。虽然准备了很多，但是难免紧张。我要调整紧张的心态，充分发挥自己的能力。希望能够顺利通过。

중요 어휘

- 通过+명사　　　(수단이나 방식이 되는 내용)
　　　　　　　　tōngguò+… ~을 통해서
- 难免+필연적인 사건　nánmiǎn+… ~하기 마련이다
- 希望+희망하는 내용　xīwàng+… ~하기를 희망하다

第 2 课

假期 휴가

☐ 방학을 하다	放假	fàngjià
☐ 여름 방학을 하다	放暑假	fàng shǔjià
☐ 겨울 방학을 하다	放寒假	fàng hánjià
☐ 방학한 후에	放假以后	fàngjià yǐhòu
☐ 방학 기간을 이용하다	利用假期 趁着假期	lìyòng jiàqī chènzhe jiàqī
☐ 해변으로 여행가다	去海边旅游	qù hǎibiān lǚyóu
☐ 물놀이 하다	玩水	wánshuǐ
☐ 수영하다	游泳	yóuyǒng
☐ 등산하다	爬山	páshān
☐ 외국으로 여행가다	去国外旅游	qù guówài lǚyóu
☐ 휴가를 보내다	度假	dùjià
☐ 경치를 감상하다	欣赏风景 欣赏风光	xīnshǎng fēngjǐng xīnshǎng fēngguāng

☐ 어려움에 부딪히다	遇到困难	yùdào kùnnan
☐ 많은 일을 겪었다	经历了很多事情	jīnglìle hěn duō shìqing
☐ 외국어에 숙달하다	掌握外语	zhǎngwò wàiyǔ
☐ 외국어를 할 줄 알다	学会外语	xuéhuì wàiyǔ
☐ 컴퓨터에 숙달하다	掌握电脑	zhǎngwò diànnǎo
☐ 컴퓨터를 할 줄 알다	学会电脑	xuéhuì diànnǎo
☐ 경험이 풍부하다	经验丰富	jīngyàn fēngfù
☐ 안목을 넓히다	(打)开眼界	(dǎ)kāi yǎnjiè
☐ 세상 물정을 알다	见世面	jiàn shìmiàn
☐ 지식을 늘리다	增长知识	zēngzhǎng zhīshi
☐ 즐겁게 보내다	过得很愉快 过得很快乐 过得很开心	guò de hěn yúkuài guò de hěn kuàilè guò de hěn kāixīn
☐ 신나게 놀다	玩得痛快	wán de tòngkuai
☐ 비행기표를 예약하다	订机票	dìng jīpiào
☐ 호텔방을 예약하다	订房间	dìng fángjiān

연동문에서 동사는 동작 발생 순서에 따라!

한 문장 안에 동사가 두 개 이상이면서 하나의 주어를 공유하는 문장을 연동문이라고 해요. "나는 비행기를 타고 제주도에 간다."를 중국어로 어떻게 말할까요? "타다"와 "가다" 중에서 어떤 동사가 먼저 와야 할까요? 먼저 비행기를 탄 후에 제주도에 가야 하므로 "타다"라는 동사가 먼저 나오고 "가다"라는 동사가 두 번째로 와야 해요. 동작의 발생 순서대로 문장을 만들면 **我坐飞机去济州岛。**가 되요.

또 다른 연동문의 종류는 두 번째 동사가 목적을 나타내는 경우에요. 두 번째 동사하러 어느 장소에 "가다", "오다"라는 뜻을 가진 문장들이기 때문에 보통 첫 번째 동사로 **来** 또는 **去**가 와요. 이런 연동문은 대부분 동작의 발생 순서를 나타내는 연동문이 되요. 연동문의 핵심은 동작의 발생 순서에 따라 동사를 배열하는 것이니 꼭 기억해 두세요.

연동문의 어법 규칙

❶ 동사1+(목적어)+동사2+(목적어)

他躺着休息。 그는 누워서 쉰다.
你来我家帮忙。 우리집에 와서 도와줘.
你有事找我。 일이 있으면 나를 찾아라.
她骑自行车上学。 그녀는 자전거 타고 등교한다.
我亲自打电话打听情况。 내가 직접 전화해서 상황을 확인하다.

❷ 동사1[来/去]+(장소목적어)+동사2+(목적어)

我去商店买东西。 나는 물건을 사러 상점에 간다.
我去图书馆借书。 나는 책을 빌리러 도서관에 간다.
他去中国出差。 그는 출장으로 중국에 간다.
他来韩国学韩语。 그는 한국어를 배우러 한국에 왔다.
这个学期结束之后，我打算去中国留学。 이번 학기가 끝나면, 중국으로 유학을 갈 계획이다.

쓰기 유형 ❶ 주어진 단어를 사용하여 하나의 문장을 만드세요.

① 他 留学 去 美国 打算

➡ _____ 。

② 偶尔 健身房 我 会 锻炼 去

➡ _____ 。

③ 今年去 开拓 中国 我们公司 市场

➡ _____ 。

주어 조동사 동사1 장소목적어 동사2
❶ 他 + 打算 + 去 + 美国 + 留学。
　그는 미국으로 유학 갈 계획이다.
　→ 동작 발생 순서대로 조동사 "打算" 뒤에 "去(동사1)+장소목적어+留学(동사2)"의 순서로
　 나열해요. 유학이 미국유학의 목적이므로 두번째 동사 자리에 와요.

주어 부사 조동사 동사1 장소목적어 동사2
❷ 我 + 偶尔 + 会 + 去 + 健身房 + 锻炼。
　나는 가끔씩 헬스클럽에 운동하러 간다.
　→ 동작 발생 순서대로 "去(동사1)+장소목적어+锻炼(동사2)"의 순서로 나열하고, "부사+조동
　 사" 순서로 동사1 앞에 둬요.

주어 시간명사 동사1 장소목적어 동사2 목적어
❸ 我们公司 + 今年 + 去 + 中国 + 开拓 + 市场。
　우리 회사는 올해 중국에 가서 시장을 개척한다.
　→ 술어 부분에 동작 발생 순서대로 "去中国(동사1+장소목적어)+开拓市场(동사2+목적어)"
　 이 오고, 시간명사는 주어 뒤 술어 앞에 와요.

 주어진 단어를 사용하여 80자 내외의 문장을 만드세요.

放假　名胜　风景　陪伴　开心

🔵 탐색하기

放假 fàngjià [이합] 방학하다
여름방학을 하다 放暑假, 겨울방학을 하다 放寒假

名胜 míngshèng [명] 명승지
명승고적 名胜古迹

风景 fēngjǐng [명] 풍경, 경치
경치가 아름답다 风景美丽/风景优美, 경치를 감상하다 欣赏景色/欣赏风景

陪伴 péibàn [동] 동행하다
동생을 데리고 등산을 가다 陪伴弟弟去爬山, 아이를 데리고 상점에 가다 陪伴孩子去商店

开心 kāixīn [형] 즐겁다
즐겁게 보내다 过得很开心, 아주 즐겁게 여행 갈 준비를 하다 开开心心地准备去旅游

🔵 스토리짜기

곧 여름 방학이다. 지난 여름 방학 때 나는 한국의 명승지를 두루 돌아다녔다. 이번 여름 방학에는 제주도의 명승지를 돌아볼 생각이다. 제주도의 여름 경치는 아름답다던데, 직접 가서 보고 싶다. 현지에 있는 내 친구가 나를 데리고 다니면서 관광을 시켜주기로 했다. 이번 방학을 즐겁게 보내고 싶다.

🔵 문장쓰기

모범 답안

　　快要放暑假了。上个暑假, 我逛遍了韩国的名胜。这个暑假, 我打算逛逛济州岛的名胜。听说, 济州岛的风景很美丽, 我想亲自去看。当地的朋友会陪伴我一起去观光。我希望假期过得很开心。

중요 어휘

- 快要…了 kuàiyào…le 곧(가까운 미래) ~이다
- 亲自… qīnzì… 직접
- 过得很… guò de hěn… ~하게 보내다

 주어진 사진을 보고 80자 내외의 문장을 만드세요.

🔵 연상하기

바닷가에서 휴가를 보내고 있는 장면 ⇢ 여름철 휴가 장소인 바닷가 ⇢ 휴가를 떠나는 이유
⇢ 바닷가를 선호하는 이유

🔵 스토리짜기

여름이 되면, 사람들은 바닷가에 가서 휴가를 보낸다. 날씨가 더워서, 사람들은 일이나 공부에 전념할 수 없다. 더위를 피하기 위해, 사람들은 휴가를 간다. 산이나 바다로 가서, 맘껏 여름을 즐긴다. 개인의 취향에 따라 다르지만, 바닷가를 가는 것이 가장 보편적인 선택이다. 바닷가에서의 수영은 더위를 가시게 해주기 때문이다.

🔵 문장쓰기

모범 답안

　一到夏天，人们就到海边去度假。因为天气酷热，所以不能专心地工作和学习。为了避暑，人们去度假。人们去山上或者海边，尽情地享受夏天。每个人的爱好都不一样，但是去海边是最普遍的选择。因为在海边游泳可以降暑。

중요 어휘

- 一⋯⋯就⋯⋯ yī⋯jiù⋯ ~하면 곧 ~하다
- 因为⋯⋯所以⋯⋯ yīnwèi⋯suǒyǐ⋯ ~때문에 ~하다
- 为了⋯⋯ wèile⋯ ~하기 위해서(목적)

第 3 课

旅游 여행

☐ 주말을 이용해서 여행가다	利用周末去旅行 趁着周末去旅行	lìyòng zhōumò qù lǚxíng chènzhe zhōumò qù lǚxíng
☐ 배낭 여행을 가다	去自助旅行	qù zìzhù lǚxíng
☐ 유럽 여행을 가다	去欧洲旅行	qù ōuzhōu lǚxíng
☐ 세계일주를 하다	去环球旅行 周游世界	qù huánqiú lǚxíng zhōuyóu shìjiè
☐ 여행을 하면서 아르바이트를 하다	边旅游边打工	biān lǚyóu biān dǎgōng
☐ 외국에 가서 봉사활동을 하다	去国外参加自愿服务	qù guówài cānjiā zìyuàn fúwù
☐ 외국 친구를 사귀다	交外国朋友	jiāo wàiguó péngyou
☐ 많은 것을 배웠다	学到了很多东西	xuédàole hěn duō dōngxi
☐ 명승고적지를 참관하다	参观名胜古迹	cānguān míngshèng gǔjì
☐ 유적지를 참관하다	参观遗址	cānguān yízhǐ
☐ 역사가 유구하다	历史悠久	lìshǐ yōujiǔ

	경치가 아름답다	景色壮观	jǐngsè zhuàngguān
		景色优美	jǐngsè yōuměi
		景色宜人	jǐngsè yírén
□	산수가 수려하다	山水美丽	shānshuǐ měilì
		山水秀丽	shānshuǐ xiùlì
□	사람이 낯설고 지역이 익숙하지 않다	人生地不熟	rénshēngdìbùshú
□	바닷가로 여행가다	去海边旅游	qù hǎibiān lǚyóu
		去沙滩旅游	qù shātān lǚyóu
□	일광욕을 하다	晒太阳	shài tàiyáng
□	교외로 여행가다	去郊区旅游	qù jiāoqū lǚyóu
□	만리장성을 유람하다	游览长城	yóulǎn Chángchéng
□	이화원에 구경가다	游览颐和园	yóulǎn Yíhéyuán
□	기분이 상쾌하다	心情舒畅	xīnqíng shūchàng
□	스트레스를 해소하다	缓解压力	huǎnjiě yālì
□	스트레스를 줄이다	减轻压力	jiǎnqīng yālì
□	마음의 긴장을 풀다	放松心情	fàngsōng xīnqíng

부사는 부사어 모임의 한 멤버!

"부사"와 "부사어"의 관계를 알고 있나요? "나는 자주 중국 음식을 먹는다."라는 중국어 문장 "**我经常吃中国菜。**"에서 부사는 무엇이고 부사어는 무엇일까요? 정답부터 알려드리면 "**经常**"이 부사이면서 부사어에요. 그렇다면 부사와 부사어의 차이점은 무엇일까요?

먼저, 품사와 문장 성분을 알아야겠네요. 명사, 동사, 형용사, 부사, 관형사, 감탄사 등은 품사의 한 종류로, 부사는 주로 동사와 형용사를 수식하며, 동작의 성질·범위·시간·정도·빈도·긍정·부정을 설명하는 데 쓰여요. 부사어는 주어, 술어, 목적어, 관형어, 부사어, 보어처럼 문장을 이루는 문장 성분의 한 종류로 문장을 떠나서 문장 성분이 존재할 수 없어요. "**经常**"은 독립적으로 있으면 부사지만, "**我经常吃中国菜。**"라는 문장 안으로 들어가게 되면 부사어가 되요. 여기서 주의해야 할 점은 **부사어가 모두 부사는 아니라는 점**이에요. **형용사, 부사, 명사, 그 외에 전치사구를 포함한 단어가 2개 이상 조합된 구도 문장 안에서 부사어**로 분류되요. 부사어는 그 종류가 다양해서 자주 부사어의 어순이 어법 문제로 출제되고 있으니 기본 어순을 확실히 기억해둬야 해요. 부사어의 기본 어순은 아래와 같아요.

📘 부사어의 종류

❶ 부사	就	还	经常	正在	亲自	忽然	简直	好在
❷ 형용사	仔细	突然						
❸ (대)명사	三年前	明天	这样	那么				
❹ 구	把书	跟他	从韩国	离我家	路上	一步一步地		

📘 부사어 기본 어순 : 부사+조동사+전치사구

我们**也都不**是中国人。 우리들도 모두 중국인은 아니다.
我想**趁着这个机会**说一句话。 나는 이 기회를 빌어 한 마디 말하고 싶다.
他**刚从那儿**走过来。 그는 방금 그곳에서 건너왔다.
你**应该按照规定**办事。 너는 규정에 따라 일을 처리해야 한다.
你**一定要比我**幸福。 너는 꼭 나보다 행복해야 해.
您**可以向我**请教吗? 당신이 저에게 알려주시겠어요?
他**还想跟妻子**住在一起。 그는 여전히 아내와 함께 살고 싶다.

쓰기 유형 ❶ 주어진 단어를 사용하여 하나의 문장을 만드세요.

① 去　她　商店　偶尔　买衣服　会

➡ _____。

② 我　给　经常　我妈妈　打电话

➡ _____。

③ 常常能　彩虹　看到　雨后

➡ _____。

```
         주어    부사   조동사  동사1   목적어  동사2  목적어
❶ 她 + 偶尔 + 会 + 去 + 商店 + 买 + 衣服。
   나는 가끔씩 상점에 가서 옷을 산다.
   → 주어와 술어 사이에 부사어 기본 어순대로 "부사+조동사"의 순서로 나열해요.

         주어   부사      전치사구      술목술어
❷ 我 + 经常 + 给我妈妈 + 打电话。
   나는 자주 우리 엄마에게 전화를 한다.
   → 주어와 술어 사이에 부사어 기본 어순대로 "부사+전치사구"의 순서로 나열해요.

      시간주어   부사  조동사  술어   목적어
❸ 雨后 + 常常 + 能 + 看到 + 彩虹。
   비가 온 후에 종종 무지개를 볼 수 있다.
   → 주어와 술어 사이에 부사어 기본 어순대로 "부사+조동사"의 순서로 나열해요.
```

제시어쓰기 공략

쓰기 유형 ❷ 주어진 단어를 사용하여 80자 내외의 문장을 만드세요.

旅游　外国　熟悉　吃惊　经历

🔵 탐색하기

旅游 lǚyóu　[동] 여행하다, 旅游+목적어(✗)
여행 오다 来旅游, 해외로 여행가다 去海外旅游, 베이징으로 여행가다 去北京旅游

外国 wàiguó　[명] 외국
외국으로 여행가다 去外国旅行, 외국에 가본 적이 없다 没去过外国

熟悉 shúxī　[동] 잘 알다, 익숙하다
여기의 모든 것에 매우 익숙하다 非常熟悉这里的一切,
여기의 지리 환경에 매우 익숙하다 很熟悉这里的地理环境

吃惊 chījīng　[형] 놀라다
매우 놀라다 很吃惊/非常吃惊, 매우 놀라서 말하다 很吃惊地说

经历 jīnglì　[동] 겪다, 경험하다 [명] 경험
많은 일을 겪었다 经历了很多事情, 직접 겪었다 亲自经历过了

🔵 스토리짜기

지난주에 중국 여행을 갔다. 출발하기 전에 매우 긴장을 했는데, 나의 첫 외국 여행이기 때문이었다. 그러나, 중국에 도착하니 매우 기뻤다. 베이징에서 출발해서 톈진을 거쳐 마지막으로 상해에 갔다. 비록 인터넷이나 텔레비전에서 자주 봐서 익숙했지만, 직접 가서 보니 정말 놀라웠다. 이것은 한 차례의 특별한 경험이었다. 다음에 기회가 되면 또 한 번 가고 싶다.

🔵 문장쓰기

모범 답안

上个星期我去中国旅游了。出发之前，我非常紧张。因为这是我的第一次外国旅游。不过，到了中国，我非常高兴。从北京出发，经过天津，最后到了上海。虽然常在网上或电视上看到，感觉很熟悉，但是亲自去看，真的很吃惊。这是一次特别的经历。下次有机会，我想再去一趟。

중요 어휘

- 因为这是我的第一次…
  Yīnwèi zhè shì wǒ de dì yī cì…
  왜냐하면 이것이 나의 첫 번째 ~이기 때문이다

- 从…经过…最后　cóng…jīngguò…zuìhòu…
  ~에서 ~를 지나 마지막으로 ~하다

- 想+再+동사　xiǎng+zài+동사 다시~하고 싶다

쓰기 유형 ❸ 주어진 사진을 보고 80자 내외의 문장을 만드세요.

🔵 연상하기

공원에서 자전거 타는 장면 ⇒ 요즘 자전거 여행을 가는 사람이 많다 ⇒ 새로운 교통수단이자 운동수단으로 각광받는 자전거 ⇒ 장점으로 마무리

🔵 스토리짜기

요즘은 여기저기에서 자전거를 타는 사람을 볼 수 있다. 많은 사람들이 자전거로 출퇴근하고, 자전거를 타고 여행 간다. 자전거는 새로운 교통 수단이자 운동 수단으로 사람들의 환영을 받고 있다. 자전거는 많은 이점이 있다. 자전거를 많이 타면 건강에도 좋고, 환경 오염도 막을 수 있다. 자전거는 새 시대의 새로운 대안이다.

🔵 문장쓰기

모범 답안

　　最近到处可以看到骑自行车的人。很多人骑自行车上下班或者骑自行车去旅行。自行车是一种新的交通工具、运动工具，很受人们欢迎。自行车有很多好处。多骑自行车，既对健康有益，也可以防止环境污染。自行车是新时代的新突破。

중요 어휘

- 到处可以看到… dàochù kěyǐ kàndào…
  도처에서 ~을 볼 수 있다

- 很受…欢迎 hěn shòu…huānyíng
  ~의 환영을 받다

- 既…也… jì…yě… ~하기도 하고 ~하기도 하다

第 4 课

工作 _일

☐ 러시아워를 만나다	赶上高峰期	gǎnshàng gāofēngqī
☐ 야근하다	加班	jiābān
☐ 당직을 서다	值班	zhíbān
☐ 컴퓨터 업종에 종사하다	从事电脑行业	cóngshì diànnǎo hángyè
☐ 업무 스트레스가 많다	工作压力很大	gōngzuò yālì hěn dà
☐ 스트레스를 해소하다	缓解压力	huǎnjiě yālì
☐ 스트레스를 줄이다	减轻压力	jiǎnqīng yālì
☐ 피로를 느끼다	感到疲劳	gǎndào píláo
☐ 보고서를 쓰다	写报告	xiě bàogào
☐ 상사에게 보고하다	向上司报告	xiàng shàngsi bàogào
☐ 해고하다	解雇 炒鱿鱼 开除	jiěgù chǎo yóuyú kāichú

☐ 해고되다	被解雇 被炒鱿鱼 被开除	bèi jiěgù bèi chǎo yóuyú bèi kāichú	
☐ 승진하다	升职	shēngzhí	
☐ 사직하다	辞职	cízhí	
☐ 상사의 환심을 사다	讨上司的欢心	tǎo shàngsi de huānxīn	
☐ 상사에게 잘 보이다	讨好上司	tǎohǎo shàngsi	
☐ 아첨하다	巴结 拍马屁	bājie pāimǎpì	
☐ 업무 효율이 높다	工作效率高	gōngzuò xiàolǜ gāo	
☐ 업무 효율이 떨어지다	工作效率差	gōngzuò xiàolǜ chà	
☐ 우수한 직원	优秀职员	yōuxiù zhíyuán	
☐ 신입사원	新职员	xīnzhíyuán	
☐ 상사	上司 领导	shàngsi lǐngdǎo	
☐ 의사소통하다	沟通	gōutōng	
☐ 밤 열 시까지 야근하다	加班到晚上10点	jiābāndào wǎnshang shí diǎn	
☐ 회식이 있다	有聚餐	yǒu jùcān	
☐ 회의가 있다	有会议	yǒu huìyì	
☐ 회의를 하다	开会	kāihuì	
☐ 회의 중이다	正在开会	zhèngzài kāihuì	

把자문의 핵심은 동사 뒤 꼬리에!

우리나라와 마찬가지로 중국에서도 "식사하셨어요?"라는 말로 인사를 대신하곤 해요. 그렇다면 "식사하셨어요?"라는 중국어 표현 "你吃饭了吗？"라는 말에 "我吃饭了。"와 "我把饭吃了。" 중에서 어떤 대답이 돌아올까요? 중국인들은 십중팔구 "我吃饭了。"라고 대답해요. "我吃饭了。"를 把자문으로 만든 "我把饭吃了。"는 듣는 사람과 말하는 사람이 모두 알고 있는 대상을 어떻게 처리했냐고 물어볼 때 나올 수 있는 대답이에요. 예를 들어서, 아침에 해 놓은 밥을 어쨌냐고 물어보는 상황에서, "밥은 먹어버렸어요"라고 대답할 때 "我把饭吃了。"라는 표현을 사용해요.

많은 학생들이 "把"자문의 핵심은 "把" 뒤에 나오는 목적어라고 생각하고, 단순하게 목적어를 강조하기 위해 "把"와 함께 목적어를 주어 뒤, 술어 앞으로 끌고 나온다고 생각해요. 하지만 "把자문"의 핵심은 "把" 뒤에 나오는 목적어인 대상을 어떻게 변화시켰는지에 있어요. 즉, 그 대상(목적어)을 어떻게 처리했는지가 동사 뒤에 보어 성분으로 나와야 해요. 그러므로 "把자문"에서는 동사 뒤에 보어 성분이 자주 따라 나오고, 이미 발생한 일이라면 최소한 동태조사 "了"라도 따라 나와야 해요. "把"자문의 기본 어순인 "주어+(시간부사+조동사)+把+대상+동사+기타성분(꼬리)"의 순서를 꼭 지켜주세요.

把자문의 어법 규칙

❶ 한정적인(화자와 청자가 알고 있는) 목적어
你把一封信递给我。(✗)
你把那封信递给我。(○) 그 편지를 나에게 건네줘.

❷ 부사와 조동사는 "把" 앞에 위치
您不要把我忘了。 나를 잊지 마세요.
别把门关上。 문을 닫지 마라.
我不想把那个秘密告诉她。 나는 그 비밀을 그녀에게 알려주고 싶지 않다.

❸ 동사 뒤 기타성분
我已经把韩币换成人民币了。 나는 이미 한국 돈을 런민비로 환전했다.
她把中国地图贴在桌子旁边了。 그녀는 중국지도를 책상 옆에 붙였다.
他把行李拿到楼上去了。 그는 짐을 윗층으로 옮겼다.

쓰기 유형 ❶ 주어진 단어를 사용하여 하나의 문장을 만드세요.

① 把　食物　领导　每个士兵　分配给了

➡ _____。

② 安排好了　日程　把　已经　他

➡ _____。

③ 他　偷走了　自行车　把　我的

➡ _____。

　　　　주어　　　전치사구　　　술어　　　　전치사구 보어
❶ 领导 + 把食物 + 分配 + 给了每个士兵。
　　　상사는 음식물을 각 사병에게 분배해 주었다.
　→ 동태조사 "了"가 있는 부분이 술어이며, "把" 뒤에 명사가 오는 전치사구는 주어 뒤, 술어 앞에 와요. 간접 목적어를 이끄는 "给" 뒤에는 간접 목적어 "每个士兵"이 와요.

　주어　　부사　　전치사구　　술어　　보어
❷ 他 + 已经 + 把日程 + 安排 + 好了。
　　　그는 이미 일정을 다 짜놓았다.
　→ 동태조사 "了"가 있는 부분이 술어이며, "把" 뒤에 명사가 온 전치사구는 주어 뒤, 술어 앞에 와요. 부사는 전치사구 앞에 위치해요.

　주어　　　전치사구　　　술어
❸ 他 + 把我的自行车 + 偷走了。
　　　그는 나의 자전거를 훔쳐 달아났다.
　→ 동태조사 "了"가 있는 부분이 술어이며, "把" 뒤에 명사가 온 전치사구는 술어 앞에 와요.

제시어 쓰기 공략

쓰기 유형 ❷ 주어진 단어를 사용하여 80자 내외의 문장을 만드세요.

上班族　报告　开夜车　堵车　诚实

🔵 탐색하기

上班族 shàngbānzú　[명] 직장인, 샐러리맨

报告 bàogào　[동] 보고하다　[명] 보고(서)
선생님께 보고하다 向老师报告, 보고서를 쓰다 写报告书

开夜车 kāiyèchē　밤을 새다
밤을 새서 숙제를 했다 开夜车做作业了, 밤을 새서 복습을 했다 开夜车复习了

堵车 dǔchē　[이합] 차가 막히다
차가 심하게 막히다 堵车很厉害/车堵得很厉害/堵车堵得很厉害

诚实 chéngshí　[형] 성실하다, 정직하다
그 직원은 매우 성실하다 那个职员很诚实.
그 직원은 성실하게 일을 한다 那个职员诚实地工作

🔵 스토리짜기

나는 직장인이다. 요즘 보고서를 하나 쓰기 위해, 자주 밤을 샌다. 결국 오늘 아침에 늦게 일어났고, 생각지도 못하게 러시아워를 만나서 차가 심하게 막혔다. 예상대로 나는 지각을 했다. 원래는 몰래 사무실에 들어갈 생각이었으나, 사장님이 정직한 사람을 좋아하셔서 나는 사실대로 말할 수 밖에 없었다.

🔵 문장�기

모범 답안

　　我是一个上班族，最近为了写一份报告，经常开夜车。结果今天早上起晚了，没想到赶上高峰期，车堵得非常厉害。可想而知，我迟到了。本来想偷偷地进办公室，但是老板喜欢诚实的职员，我只好实话实说。

중요 어휘

- 没想到赶上…　méi xiǎngdào gǎnshàng…
  생각지도 못하게 ~을 만나다

- 本来…, 但是…　běnlái…, dànshì…
  원래는 ~하나, 그러나 ~하다

- 只好…　zhǐhǎo…　하는 수 없이

주어진 사진을 보고 80자 내외의 문장을 만드세요.

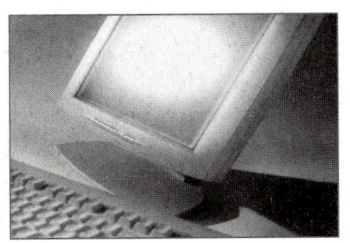

연상하기

컴퓨터 ⋯➤ 컴퓨터의 용도 또는 장점 ⋯➤ 자신의 느낌으로 마무리

스토리짜기

　사회가 발전함에 따라, 컴퓨터를 사용하는 사람이 점점 많아진다. 컴퓨터는 어떠한 용도로 사용될까? 우선, 보고서를 쓸 때 자료를 찾기가 편하다. 그 다음으로 심심할 때 컴퓨터 게임을 하면서 시간을 보낼 수 있다. 컴퓨터는 용도가 광범위할 뿐만 아니라, 게다가 편리하고 빠르다. 그래서 사람들의 환영을 받는다.

문장쓰기

모범 답안

　　随着社会的发展，使用电脑的人越来越多。电脑有哪些用途呢？首先，写报告的时候，查找资料很方便。其次，无聊的时候，可以玩电脑游戏打发时间。可见，电脑不仅用途广泛，而且方便快捷，所以深受人们的欢迎。

중요 어휘

- 首先⋯, 其次⋯　　shǒuxiān⋯, qícì⋯
  우선 ~하고, 그 다음에 ~하다

- 不仅⋯而且⋯　　bùjǐn⋯érqiě⋯
  ~일 뿐만 아니라, 게다가 ~하다

- 深受⋯欢迎　　shēnshòu⋯huānyíng
  깊이 ~의 환영을 받는다

第 5 课

健康 건강

어휘공략

몸이 건강하지 않다	身体不好	shēntǐ bù hǎo
몸이 불편하다	身体不舒服	shēntǐ bù shūfu
자주 감기에 걸리다	经常感冒 容易得感冒	jīngcháng gǎnmào róngyì dé gǎnmào
쉽게 병이 나다	容易生病	róngyì shēngbìng
몸이 매우 건강하다	身体很健康	shēntǐ hěn jiànkāng
몸이 건강하지 않다	身体不健康	shēntǐ bú jiànkāng
다이어트를 하다	减肥	jiǎnféi
매일 달리기를 하다	每天跑步	měitiān pǎobù
매일 운동하다	每天锻炼身体 每天运动 每天做运动	měitiān duànliàn shēntǐ měitiān yùndòng měitiān zuò yùndòng
신체를 단련하다	锻炼身体	duànliàn shēntǐ
헬스클럽에 가다	去健身房	qù jiànshēnfáng

□ 근육을 만들어 내다	练出肌肉	liànchū jīròu
□ 규칙적인 생활을 유지하다	保持有规律的生活	bǎochí yǒu guīlǜ de shēnghuó
□ 건강이 최고다	身体是革命的本钱 生命在于健康	shēntǐ shì gémìng de běnqián shēngmìng zàiyú jiànkāng
□ 건강을 회복하다	恢复健康	huīfù jiànkāng
□ 건강식품을 먹다	吃健康食品	chī jiànkāng shípǐn
□ 체중을 재다	称体重	chēng tǐzhòng
□ 헬스장에 가서 헬스하다	去健身房健身 去健身房锻炼身体	qù jiànshēnfáng jiànshēn qù jiànshēnfáng duànliàn shēntǐ
□ 평소에 적게 먹는다	平时吃得少	píngshí chī de shǎo
□ 육식을 하다	吃肉菜	chī ròucài
□ 채식을 하다	吃蔬菜	chī shūcài
□ 영양소가 풍부하다	营养丰富	yíngyǎng fēngfù
□ 과일은 비타민이 풍부하다	水果含有丰富的维生素	shuǐguǒ hányǒu fēngfù de wéishēngsù
□ 걷는 것이 달리는 것보다 낫다	走路比跑步好	zǒulù bǐ pǎobù hǎo
□ 식단을 조절하다	调节饮食	tiáojié yǐnshí

구조조사 더 "的", 더 "地", 더 "得" 파헤치기!

중국어에서 구조를 만드는 "的", "地", "得" 이 세 단어의 발음은 모두 "de"예요. 발음은 같지만, 역할은 각각 달라요. 지금부터 구조조사를 더 "的", 더 "地", 더 "得" 파헤쳐 볼까요?

"的"는 명사를 꾸며주는 문장성분인 관형어 뒤에 오는 구조조사예요. "的" 뒤에는 일반적으로 명사가 오지만, 간혹 명사인 사람이나 사물이 생략되기도 해요.

"地"는 술어를 꾸며주는 문장성분인 부사어 뒤에 오는 구조조사예요. 부사인 단어들을 제외한 동사나 형용사 혹은 구의 형태가 "地" 앞에 오고 뒤에는 술어가 와요.

"得"는 동사나 형용사 뒤에서 보어 구조를 만들어주는 구조조사예요. 정도 보어나 가능 보어를 만들 때 사용되는데 "得" 뒤에 오는 성분이 보어가 되죠.

이제 알았나요? "的"는 관형어 구조를 만드는 역할. "地"는 부사어 구조를 만드는 역할. "得"는 보어 구조를 만드는 역할을 해요.

❶ "的"의 관형어 구조

她买的是什么？ 그녀가 산 것은 무엇입니까?
我拿来了妈妈亲手做的菜。 나는 어머니께서 손수 만드신 음식을 가져왔다.
济州岛有很多好玩儿的地方。 제주도에는 재밌는 곳이 많다.
他的话弄得我很生气。 그의 말이 나를 화나게 했다.

❷ "地"의 부사어 구조

我高兴地笑起来。 나는 즐겁게 웃었다.
他很吃惊地跟我讲这件事。 그는 매우 놀라서 나에게 이 일을 이야기했다.
请骄傲地活下去！ 긍지를 갖고 살아가세요!
酒后，我糊里糊涂地进别人家去了。 술을 마시고, 나는 흐리멍텅한 상태로 다른 사람의 집으로 들어갔다.

❸ "得"의 보어 구조

她汉语说得很流利。 그녀는 중국어를 유창하게 말한다.
我忙得不可开交。 나는 엄청나게 바쁘다.
堵车堵得非常厉害。 차 막힘이 매우 심하다.
今天红绿灯也坏了，情况糟得不得了。 오늘 신호등이 고장나서, 상황이 매우 엉망이다.

쓰기 유형 ❶ 주어진 단어를 사용하여 하나의 문장을 만드세요.

① 传统的 节日 是 一个 春节

➡ _____。

② 有 意义 这段经历 他的 很特殊的

➡ _____。

③ 一直 电话 班主任家的 占线

➡ _____。

　　　　주어　술어　　　목적어
❶ 春节 + 是 + 一个传统的节日。
　　　춘절은 전통 명절이다.
　　→ "是"이라는 술어가 있으므로 기본적으로 "A是B"의 구조를 만들어요. 구조조사 "的" 뒤에는 기본적으로 명사가 오며, 수사와 양사의 조합인 "一个"는 명사구 "传统的节日" 앞에 와요.

　　　　주어　　　술어　　목적어
❷ 他的这段经历 + 有 + 很特殊的意义。
　　　그의 이 기간의 경험은 매우 특별한 의의가 있다.
　　→ "有"라는 술어가 있으므로 "A有B"의 구조를 만들어요. 구조조사 "的" 뒤에는 기본적으로 명사가 오며, 부사 "很"은 형용사 "特殊"를 앞에서 꾸며줘요.

　　　　주어　　　부사　술목술어
❸ 班主任家的电话 + 一直 + 占线。
　　　담임 선생님 집의 전화는 계속 통화 중이다.
　　→ 구조조사 "的" 뒤에는 기본적으로 명사가 와요. "占线"은 이합동사로 "线"이라는 목적어를 이미 갖고 있어, "占线" 뒤에 다른 목적어가 오지 못해요. 부사 "一直"은 주어와 술어 사이에 와요.

 주어진 단어를 사용하여 80자 내외의 문장을 만드세요.

锻炼　恢复　坚持　规律　生活

🔵 **탐색하기**

锻炼 duànliàn　동 단련하다, 운동하다
　　　　　　신체를 단련하다 锻炼身体

恢复 huīfù　동 회복하다
　　　　　건강을 회복하다 恢复健康

坚持 jiānchí　동 계속하다, 견지하다
　　　　　계속해 나가다 坚持下去, 끝까지 계속하다 坚持到底
　　　　　운동을 한 달간 계속했다 运动坚持了一个月, 다이어트를 한 달간 계속했다 减肥坚持了一个月

规律 guīlǜ　명 규칙
　　　　생활이 규칙적이다 生活很有规律, 생활이 불규칙적이다 生活没有规律

生活 shēnghuó　명 생활 동 생활하다
　　　　　　즐거운 생활을 하다 过快乐的生活, 행복한 생활을 하다 过幸福的生活

🔵 **스토리짜기**

　　최근 얼마 동안, 나의 생활은 규칙적이지 않아서 몸이 점점 안 좋아졌다. 날씨가 추워지기만 하면, 나는 쉽게 감기에 걸린다. 건강을 회복하기 위해서, 나는 헬스클럽에 가서 운동하기로 결심했다. 나는 계속해서 운동하는 것이 쉬운 일이 아니라는 것을 알지만, 나는 노력할 것이다. 왜냐하면 몸이 무엇보다도 중요하기 때문이다.

🔵 **문장쓰기**

모범 답안

　　最近这段时间，由于我的生活没有规律，所以身体越来越差。只要天气变冷，我就容易感冒。为了恢复健康，我决定去健身房运动。我知道坚持锻炼不是一件容易的事情，但是我会努力的。因为身体是革命的本钱。

중요 어휘

- 由于…, 所以…　yóuyú…, suǒyǐ…　~때문에 ~하다
- 只要…就…　zhǐyào…jiù…　~하기만 하면 ~하다
- 为了…　wèile…　~하기 위해서

 주어진 사진을 보고 80자 내외의 문장을 만드세요.

연상하기

걷기 운동을 하는 장면 ⇒ 걷기 운동 열풍 설명 ⇒ 걷기 운동의 장점 ⇒ 자신의 느낌으로 마무리

스토리짜기

현대인들이 점점 자신의 건강에 관심을 가져서 많은 사람들이 시간을 내서 운동을 한다. 그중에서 걷기는 일종의 매우 좋은 운동 방식이다. 그것은 어떤 장점이 있을까? 첫 번째는 당신이 다이어트를 하는 것을 도울 수 있다. 두 번째는 돈이 들지 않아서, 경제적이면서 실리적인 건강 유지 방법이다. 세 번째는 시간과 장소의 제약을 받지 않는다. 만약에 시간이 있다면, 나가서 좀 거닐자.

문장쓰기

모범 답안

现代人越来越关心自己的健康，因此很多人抽时间运动。其中走路是一种很好的运动方式。它有哪些好处呢？一来，能帮助你减肥；二来，不用花钱，是一种既经济又实惠的健身方法；三来，不受时间、地点的限制。如果有时间，出去走走吧。

중요 어휘

- 关心⋯ guānxīn⋯ ~에 관심갖다
- 其中⋯ qízhōng⋯ 그중에서
- 不受⋯限制 bú shòu⋯xiànzhì ~의 제약을 받지 않다

第 6 课

环경 환경

☐ 환경 오염	环境污染	huánjìng wūrǎn
☐ 자연 환경	自然环境	zìrán huánjìng
☐ 환경 오염이 심각하다	环境污染很严重	huánjìng wūrǎn hěn yánzhòng
☐ 오염 문제	污染问题	wūrǎn wèntí
☐ 대기 오염	大气污染	dàqì wūrǎn
☐ 수질 오염	水质污染	shuǐzhì wūrǎn
☐ 공기 오염	空气污染	kōngqì wūrǎn
☐ 자동차 배기가스	汽车尾气	qìchē wěiqì
☐ 오염을 야기하다	造成污染	zàochéng wūrǎn
☐ 오염을 줄이다	减少污染	jiǎnshǎo wūrǎn
☐ 오염을 방지하다	防止污染	fángzhǐ wūrǎn
☐ 쓰레기를 버리다	扔垃圾	rēng lājī
☐ 쓰레기를 줍다	捡垃圾	jiǎn lājī

분리수거를 하다	分类垃圾	fēnlèi lājī
쓰레기를 쓰레기통에 버리다	把垃圾扔在垃圾桶	bǎ lājī rēngzài lājītǒng
캠페인을 벌이다	展开活动	zhǎnkāi huódòng
지구는 우리 공동의 낙원이다	地球是我们共同的家园	dìqiú shì wǒmen gòngtóng de jiāyuán
우리는 지구의 주인이다	我们是地球的主人	wǒmen shì dìqiú de zhǔrén
환경을 보호하다	保护环境	bǎohù huánjìng
환경보호 의식	环(境)保(护)意识	huán(jìng) bǎo(hù) yìshí
환경보호 의식을 강화하다	加强环保意识	jiāqiáng huánbǎo yìshí
쓰레기를 치우다	清除垃圾	qīngchú lājī
깨끗이 치우다	打扫干净	dǎsǎo gānjìng
청소를 하다	打扫卫生	dǎsǎo wèishēng
청결을 유지하다	保持清洁	bǎochí qīngjié
위생을 유지하다	保持卫生	bǎochí wèishēng
오염이 악화되다	污染恶化	wūrǎn èhuà
사회의 관심이 필요하다	需要社会的关注	xūyào shèhuì de guānzhù
사람들의 주목을 끌다	引人注目	yǐnrénzhùmù

"让", "叫", "使" 봐가면서 시키자!

중국어에서 "让", "叫", "使"은 모두 사역의 의미를 나타내며 "~을 ~하게 시키다"라고 해석된다고 배웠나요? 하지만 모든 상황에서 "使", "让", "叫"를 통용해서 사용할 수 있는 것은 아니에요. 지금부터 이들의 미묘한 차이를 알아볼까요?

"让", "叫"는 직접적으로 "누구에게 무엇을 하라고 시키다"라는 의미가 강해요. 그래서 뒤에 사람이 오고 구체적인 동작을 나타내는 동사와 함께 쓰이는 경우가 많죠. 반면에 "使"은 "시키다"라는 강한 의미보다 "~한 상태로 만들다"라는 의미를 갖고 있어요. "使" 뒤에는 사람이나 추상적인 개념을 나타내는 명사가 오며, "使"은 구체적인 동작을 나타내는 동사보다 추상적인 의미를 가지는 동사와 자주 함께 쓰여요.

동사가 심리동사일 경우에는 "使", "让", "叫" 뒤에 사람이 오고 그 뒤에 심리동사가 나오는 구조로 세 단어를 통용해서 쓸 수 있어요. 앞으로, 시키는 대상과 동사의 성격을 봐가면서 "让", "叫", "使"을 선택해야 한다는 사실을 잊지 마세요.

🌀 동사에 따른 사역문

❶ 구체적 동사의 사역문

妈妈让我去买豆腐。 (○) 엄마는 나에게 두부를 사오라고 시켰습니다.
妈妈叫我去买豆腐。 (○)
妈妈使我去买豆腐。 (✗)

❷ 추상적 동사의 사역문

这件事让韩国的经济更加发展。 (✗)
这件事叫韩国的经济更加发展。 (✗)
这件事使韩国的经济更加发展。 (○) 이 일은 한국 경제를 더욱 발전하게 했습니다.

❸ 심리동사의 사역문

他的话让我很高兴。 (○) 그의 말은 나를 기쁘게 했다.
他的话叫我很高兴。 (○)
他的话使我很高兴。 (○)

쓰기 유형 ❶ 주어진 단어를 사용하여 하나의 문장을 만드세요.

① 很让　佩服　我　勇气　他的

→ _____ 。

② 身材　让人　她　苗条的　很羡慕

→ _____ 。

③ 热情　很是　感动　老师的　让学生们

→ _____ 。

　　　　　주어　　　전치사구　　술어
❶ 他的勇气 + 很让我 + 佩服。
　　그의 용기는 나를 탄복하게 했다.
　→ 사역을 나타내는 단어 "让"을 확인하고, "让" 뒤에 "명사+술어"의 순서에 맞게 나열해요.
　　관형어 "他的"가 명사 "勇气"를 수식하도록 명사구를 만들어 주어로 사용해요.

　　　　　주어　　　전치사구　술어
❷ 她苗条的身材 + 让人 + 很羡慕。
　　그녀의 날씬한 몸매는 사람들의 부러움을 산다.
　→ 사역을 나타내는 단어 "让"을 확인하고, "让" 뒤에 "명사+술어"의 순서에 맞게 나열해요.
　　관형어 "她"와 "苗条的"가 명사 "身材"를 수식하도록 명사구를 만들어 주어로 사용해요.

　　　　주어　　　전치사구　　술어
❸ 老师的热情 + 让学生们 + 很感动。
　　선생님의 열정은 학생들을 감동시켰다.
　→ 사역을 나타내는 단어 "让"을 확인하고, "让" 뒤에 "명사+술어"의 순서에 맞게 나열해요.
　　관형어 "老师的"가 명사 "热情"을 수식하도록 명사구를 만들어 주어로 사용해요.

 주어진 단어를 사용하여 80자 내외의 문장을 만드세요.

公园　污染　积极　保持　意识

탐색하기

公园 gōngyuán　명 공원
공원에 산책하러 가다 去公园散步

污染 wūrǎn　명 오염　동 오염시키다
오염이 매우 심각하다 污染很严重, 오염을 야기하다 造成污染

积极 jījí　형 적극적이다
매우 적극적이다 很积极, 적극적으로 참가하다 积极参加

保持 bǎochí　동 유지하다
깨끗함을 유지하다 保持干净, 위생을 유지하다 保持卫生, 청결을 유지하다 保持清洁

意识 yìshí　명 의식
환경보호의식 环境保护意识, 의식을 강화하다 加强意识

스토리짜기

　주말에 나와 가족은 공원에 놀러 갔다. 우리는 많은 맛있는 음식을 가져갔다. 밥을 먹은 후에, 나는 쓰레기를 가지고 집으로 돌아왔다. 한편으로는 환경을 오염시키지 않기 위해서 위생을 유지한 것이고, 또 다른 한편으로는 아이들을 교육하기 위해서, 그들의 환경 보호의식을 길러주려고 한 것이다. 나는 모든 사람들이 적극적으로 환경보호 활동에 참여해야 한다고 생각한다.

문장쓰기

모범 답안

　周末我和家人去公园玩了。我们带了很多好吃的东西。吃完以后, 我把垃圾带回了家。一方面是为了不污染环境, 保持卫生; 另一方面是为了教育孩子, 培养他们的环保意识。我觉得每个人都应该积极参与环境保护活动。

중요 어휘

- 주어+把+목적어+동사+기타 성분　bǎ ~을 ~하게 하다
- 一方面…另一方面…
  yì fāngmiàn…lìng yì fāngmiàn…
  한편으로는 ~하고, 또 다른 한편으로는 ~하다
- 培养…　péiyǎng… (정신, 의식, 사고 등을) 기르다

쓰기 유형 ❸ 주어진 사진을 보고 80자 내외의 문장을 만드세요.

🔵 연상하기

쓰레기가 쌓여 있는 장면 ⋯▶ 쓰레기 오염 문제 설명 ⋯▶ 자신의 생각 및 견해 서술

🔵 스토리짜기

최근 몇 년간, 환경오염은 많은 나라의 관심을 받았다. 환경 오염은 여러 가지 종류로 나누어지는데, 예를 들면 수질오염, 환경오염 등이다. 몇몇 사람들은 편리함을 위해서, 수시로 쓰레기를 함부로 버린다. 이것은 건강문제를 가져올 뿐 아니라, 도시의 미관에도 영향을 미친다. 자신과 타인을 위해서 번거롭더라도 쓰레기를 함부로 버려서는 안 된다.

🔵 문장쓰기

모범 답안

　　近几年，环境污染受到很多国家的关注。环境污染分为很多种，如水污染、空气污染等。一些人为了方便，随地乱扔垃圾。这不仅带来健康问题，也影响城市的美观。为了自己和他人，宁可麻烦一点儿,也不要乱扔垃圾。

중요 어휘

- 受到…关注　shòudào…guānzhù　~의 관심을 받다
- 不仅…也…　bùjǐn…yě…　~일 뿐만 아니라 ~도 하다
- 宁可…也不…　nìngkě…yě bù…
　　　　　　　설령 ~하더라도 ~하지 않다

第 7 课

天气 날씨

☐ 맑은 날	晴天	qíngtiān
☐ 흐린 날	阴天	yīntiān
☐ 어둑어둑하다	阴沉沉	yīnchénchén
☐ 큰 비가 오다	下大雨	xià dàyǔ
☐ 큰 눈이 오다	下大雪	xià dàxuě
☐ 큰 바람이 불다	刮大风	guā dàfēng
☐ 천둥이 치다	打雷	dǎléi
☐ 번개가 번쩍이다	闪电	shǎndiàn
☐ 장대비	倾盆大雨	qīngpéndàyǔ
☐ 폭우	暴雨	bàoyǔ
☐ 일기예보	天气预报	tiānqì yùbào
☐ 일기예보가 정확하다	天气预报很准	tiānqì yùbào hěn zhǔn
☐ 일기예보에서 말하길	听天气预报说	tīng tiānqì yùbào shuō

□ 봄여름가을겨울	春夏秋冬	chūn xià qiū dōng
□ 따뜻하다	暖和 / 温暖	nuǎnhuo / wēnnuǎn
□ 시원하다	凉快	liángkuai
□ 얼어 죽겠다	冻死了	dòngsǐ le
□ 날씨가 비정상이다	天气反常	tiānqì fǎncháng
□ 날씨 변화가 크다	天气变化很大	tiānqì biànhuà hěn dà
□ 일교차가 크다	昼夜温差很大	zhòuyè wēnchā hěn dà
□ 옷을 많이 입다	多穿衣服	duō chuān yīfu
□ 옷을 적게 입다	少穿衣服	shǎo chuān yīfu
□ 사계절	四个季节 / 四季	sì gè jìjié / sìjì
□ 사계절이 분명하다	四季分明	sìjì fēnmíng
□ 사람을 편안하게 하다	让人感觉很舒服	ràng rén gǎnjué hěn shūfu
□ 사람을 불편하게 하다	让人感觉不舒服	ràng rén gǎnjué bù shūfu
□ 현지의 날씨에 적응하다	适应当地的天气	shìyìng dāngdì de tiānqì
□ 날씨가 적합하다	天气适宜	tiānqì shìyí
□ 날씨의 영향을 받다	受天气的影响	shòu tiānqì de yǐngxiǎng
□ 날씨가 사람의 기분을 좌우한다	天气左右人的心情	tiānqì zuǒyòu rén de xīnqíng

까도 (까도 계속 나오는) 부사!

부사는 주로 동사와 형용사를 수식하며, 동작의 성질, 범위, 시간, 정도, 빈도, 긍정, 부정을 나타내는 품사예요. 아무리 벗겨도 계속 나오는 양파처럼 부사도 그 종류가 다양해서 한 문장 안에서 여러 부사가 연달아 배열되는 경우가 있어요. 그렇다면 계속 나오는 부사의 어순은 어떻게 될까요?

기본적인 어순은 "부사어+동사 또는 형용사"예요. 부사어라는 그룹에 속하는 부사라는 멤버들을 세우는 순서는 문장에 따라서 그리고 부사의 수식 범위에 따라서 달라지는데, 일반적으로 "어기부사 +시간부사+빈도부사+범위부사+정도부사+상태부사"의 순서에 따라 나열하면 되요.

부사의 종류

❶ 시간부사	正在(zhèngzài) 从来(cónglái)	已经(yǐjing) 总是(zǒngshì)	立刻(lìkè) 老是(lǎoshì)	马上(mǎshàng) 一直(yìzhí)
❷ 범위부사	就(jiù) 仅(jǐn)	都(dōu) 只(zhǐ)	全(quán) 一起(yìqǐ)	一共(yígòng) 到处(dàochù)
❸ 빈도부사	又(yòu) 常常(chángcháng)	再(zài) 经常(jīngcháng)	还(hái) 不断(búduàn)	也(yě) 反复(fǎnfù)
❹ 정도부사	很(hěn) 非常(fēicháng)	太(tài) 更(gèng)	挺(tǐng) 最(zuì)	多(duō) 比较(bǐjiào)
❺ 어기부사	可(kě) 反而(fǎn'ér)	才(cái) 难道(nándào)	却(què) 到底(dàodǐ)	倒(dào) 终于(zhōngyú)
❻ 상태부사	忽然(hūrán) 亲自(qīnzì)	突然(tūrán) 互相(hùxiāng)	逐渐(zhújiàn) 不由得(bùyóude)	仍然(réngrán) 猛然(měngrán)
❼ 부정부사	不(bù)	没(méi)	别(bié)	不用(búyòng)

부사어 순서 : 어기부사 + 시간부사 + 빈도부사 + 범위부사 + 정도부사 + 상태부사

那个学生果然又来找我了。 (어기부사+빈도부사) 그 학생이 과연 또 나를 찾아 왔다.
我曾经亲自见过那种情况。 (시간부사+상태부사) 나는 일찍이 직접 그런 상황을 본 적 있다.

쓰기 유형 ❶ 주어진 단어를 사용하여 하나의 문장을 만드세요.

① 您　消费　198块钱　总共

➡ _____。

② 世界上　完美的　没有　绝对　作品

➡ _____。

③ 采取　措施　我们　得　立即

➡ _____。

❶ 您 + 总共 + 消费 + 198块钱。
　　주어　　부사　　술어　　목적어
　당신은 모두 198원 나왔습니다.
　→ 가장 먼저 술어인 "消费"를 찾고 부사인 "总共"을 주어와 술어 사이에 오게 해요.

❷ 世界上 + 没 + 有 + 绝对完美的作品。
　　주어　부정부사 동사　　목적어
　세상에는 절대적으로 완벽한 작품은 없습니다.
　→ 부정부사 "没"를 동사 "有" 앞에 두어 술어를 만들어요. 관형어 "完美的"가 명사 "作品"을 앞에서 수식하게 놓고, 형용사 "绝对"가 "完美的作品" 전체를 수식하도록 그 앞에 놓으면 목적어가 완성돼요.

❸ 我们 + 得 + 立即 + 采取 + 措施。
　주어　조동사　부사　　술어　목적어
　우리는 즉시 조치를 취해야 합니다.
　→ 먼저 술목구조인 "采取措施"을 찾고 조동사 "得"를 동사 "采取" 앞에 놓아요. 부사 "立即"는 조동사 뒤, 동사 앞에 놓아요.

제시어 쓰기 공략

쓰기 유형 ❷ 주어진 단어를 사용하여 80자 내외의 문장을 만드세요.

影响 寒冷 划船 开心 赶快

🔵 탐색하기

影响 yǐngxiǎng [동] 영향을 미치다 [명] 영향
　　　　　　　날씨는 기분에 영향을 미친다 天气影响心情, 날씨의 영향을 받다 受天气的影响

寒冷 hánlěng [명] 추위 [형] 춥다
　　　　　　추운 날씨 寒冷的天气

划船 huáchuán [이합] 배를 젓다

开心 kāixīn [형] 즐겁다, 유쾌하다
　　　　　즐겁게 보내다 过得很开心

赶快 gǎnkuài [부] 빨리, 잽싸게
　　　　　　얼른 준비해라 赶快准备, 얼른 짐을 싸라 赶快收拾行李

🔵 스토리짜기

오늘은 일요일이다. 나는 남자친구와 공원에 가서 배를 타기로 약속해서, 너무나 기뻤다. 아침에 일어난 이후, 잽싸게 정리를 하고, 집을 나섰다. 날씨가 추웠지만, 조금도 나의 좋은 기분에 영향을 끼치지 못했다. 나와 남자 친구는 아주 즐겁게 놀았고 많은 맛있는 음식을 먹었다.

🔵 문장쓰기

모범 답안

　　　今天是星期天，我和男朋友约好去公园划船，所以特别开心。早晨起床以后，赶快收拾了一下就出门了。虽然天气很寒冷，但是一点儿也没影响我的好心情。我和男朋友不但玩得很高兴，而且吃了很多好吃的东西。

중요 어휘

- 虽然…但是…　　suīrán…dànshì… 비록 ~지만 ~하다
- 一点儿也没…　　yìdiǎnr yě méi 조금도 ~하지 않았다
  一点儿也不…　　yìdiǎnr yě bù 조금도 ~하지 않다
- 不但…而且…
  búdàn…érqiě… ~일 뿐만 아니라 게다가~하다

 주어진 사진을 보고 80자 내외의 문장을 만드세요.

연상하기

일기 예보를 하는 장면 ⋯▶ 일기 예보의 기능 서술 ⋯▶ 일기 예보의 장점

스토리짜기

　일기 예보는 우리에게 이튿날의 날씨 상황을 알려준다. 일기 예보를 근거로 사람들은 다음날 무슨 옷을 입을지, 우산을 가져가야 할지 말지는 계획한다. 과학 기술이 발전함에 따라, 사람들이 날씨를 아는 방식에도 변화가 생겼다. 지금 휴대전화는 일기예보를 발송하는 기능이 있는데, 이것은 우리들의 생활을 편리하게 해주었다.

문장쓰기

모범 답안

　　天气预报告诉我们第二天的天气情况。根据天气预报，人们可以计划穿什么衣服，带不带雨伞等。随着科技的发展，人们了解天气的方式发生了变化。现在，手机有发送天气预报的功能，这让我们的生活更方便了。

중요 어휘

- 根据⋯　　　　gēnjù⋯　　~을 근거로 하여
- 有⋯的功能　　yǒu⋯de gōngnéng　~의 기능이 있다
- 让⋯更⋯了　　ràng⋯gèng⋯le
  　　　　　　　~으로 하여금 더욱 ~하게 하다

天气 날씨 | 51

第8课

约会 약속

□ 친구와 만나기로 약속하다	跟朋友约会	gēn péngyou yuēhuì
□ 친구와 약속이 있다	跟朋友有约会	gēn péngyou yǒu yuēhuì
□ 함께 밥을 먹기로 약속하다	约好一起吃饭	yuēhǎo yìqǐ chīfàn
□ 시간을 정하다	定时间	dìng shíjiān
□ 장소를 정하다	定场所	dìng chǎngsuǒ
□ 약속을 어기다	失约	shīyuē
□ 약속을 지키다	守约	shǒuyuē
□ 약속한 시간	约定的时间 约好的时间	yuēdìng de shíjiān yuēhǎo de shíjiān
□ 한 시간 늦었다	迟到了一个小时 晚到了一个小时	chídàole yí gè xiǎoshí wǎndàole yí gè xiǎoshí
□ 10분 늦었다	晚到10分钟	wǎn dào shí fēnzhōng
□ 10분 일찍 왔다	早到10分钟	zǎo dào shí fēnzhōng
□ 정시에 도착했다	准时到了	zhǔnshí dào le

☐ 내가 한 턱 낼게	我请客	wǒ qǐngkè
☐ 내가 너에게 밥을 살게	我请你吃饭	wǒ qǐng nǐ chīfàn
☐ 내가 너에게 커피를 살게	我请你喝咖啡	wǒ qǐng nǐ hē kāfēi
☐ 전람회에 보다	看展览会	kàn zhǎnlǎnhuì
☐ 영화를 보다	看电影	kàn diànyǐng
☐ 시합을 구경하다	观看比赛	guānkàn bǐsài
☐ 공원에 가서 산책하다	去公园散步	qù gōngyuán sànbù
☐ 공원에 가서 자전거를 타다	去公园骑车	qù gōngyuán qíchē
☐ 드라이브를 하다	兜风	dōufēng
☐ 회식	聚餐	jùcān
☐ 저녁 모임을 열다	开晚会	kāi wǎnhuì
☐ 주말에 모임이 하나 있다	周末有一个聚会	zhōumò yǒu yí gè jùhuì
☐ 저녁 식사가 푸짐하다	晚餐丰盛	wǎncān fēngshèng

가능보어는 다양한 표현이 가능하다?!

가능보어는 동작 행위의 가능성을 나타내는 보어로 "~할 수 있다" 혹은 "~일 것이다"로 해석돼요. 그렇다면 능원동사 "能"과 같은 역할을 할까요? "听得懂。"과 "能听懂。"중에서 어떤 문장이 맞는 표현일까요? 들을 수 있다는 가능성을 나타내고 있으므로 "听得懂。", "能听懂。"두 문장 모두 맞는 표현이에요. 그렇다면 어떤 상황에서 두 문장의 취사선택이 달라질까요?

능원동사 "能"은 가능성 이외에 허가의 의미도 가지고 있지만, 가능보어는 당위나 허가의 의미를 갖고 있지 않기 때문에 당위나 허가를 나타내는 문장에서는 가능보어를 사용하면 안돼요.

그렇다면, 가능보어만의 기능은 없는 걸까요? 가능보어는 능원동사가 대신할 수 없는 다양한 의미를 나타낼 수 있어요. 예를 들면, "먹을 수 없다."는 능원동사로 "不能吃。"이라고 한 가지로 표현돼요. 하지만 가능보어를 사용하면 다음과 같은 다양한 상황에서 여러가지 의미를 나타낼 수 있어요.

가능보어의 어법 규칙

❶ 사용 제한: 당위 또는 허가

我得了口腔癌，医生说不能抽烟。 (O) 내가 구강암에 걸려서, 의사선생님께서 담배 피울 수 없다고 하셨다.

我得了口腔癌，医生说抽不了烟。 (X)

我能进去吗？ (O) 제가 들어가도 될까요?

我进得去吗？ (X)

❷ 가능보어의 다양한 표현

吃不了。 (양이 많아서)먹을 수 없다.

吃不到。 (기회를 놓쳐서)먹을 수 없다.

吃不得。 (몸에 해로워서)먹을 수 없다.

吃不下。 (배가 불러서)먹을 수 없다.

合得来。 마음이 맞다.

来得及。 시간에 대다.

靠得住。 신뢰할 수 있다.

数得着。 손꼽히다.

쓰기 유형 ① 주어진 단어를 사용하여 하나의 문장을 만드세요.

① 解决　他住院的　治疗费　不了

➡ _____。

② 帮助　永远　你对我的　忘不了　我

➡ _____。

③ 钥匙　记不起来　房间的　我　放在哪儿了

➡ _____。

---

❶ 他住院的医疗费 + 解决 + 不了。
　　　　주어　　　　동사　가능보어

그는 입원한 의료비를 해결할 수 없습니다.

→ "不了"를 동사 "解决" 뒤에 놓아 가능보어 형식의 술어로 만들고, 관형어 "他住院的"는 명사 "治疗费"를 수식하도록 앞에 두어 주어로 사용해요.

❷ 我 + 永远 + 忘不了 + 你对我的帮助。
　주어　부사　　술어　　　목적어

나는 영원히 당신이 나에게 준 도움을 잊을 수 없습니다.

→ 동사 뒤에 가능보어가 연결된 "忘不了"를 술어로 하고, "你对我的" 뒤에 명사를 연결시켜 문장을 완성해요.

❸ 我 + 记不起来 + 房间的钥匙放在哪儿了。
　주어　　술어　　　　　목적어

방 안의 열쇠는 나는 어디에 두었는지 기억이 나지 않습니다.

→ 동사와 가능보어가 연결된 술어 "记不起来"를 술어자리에 두고, 기억이 안 나는 주체 "我"를 주어자리에 놓아요. 나머지 단어로 주술목적어를 만들어요.

 주어진 단어를 사용하여 80자 내외의 문장을 만드세요.

结账　干脆　感谢　临时　海鲜

탐색하기

结账 jiézhàng　[이합] 결재하다, 결산하다

干脆 gāncuì　[부] 차라리, 깨끗이
깨끗이 내가 계산을 했다 干脆我结账了, 차라리 안 먹기로 결정하다 干脆决定不吃饭了

感谢 gǎnxiè　[동] 감사하다
사장에게 감사하다 感谢老板, 친구에게 감사하다 感谢朋友

临时 línshí　[형] 임시로　[부] 그때가 되어
임시로 돈을 빌리다 临时借钱

海鲜 hǎixiān　[명] 해산물
해산물 식당 海鲜店, 평소에 해산물을 먹는 것을 좋아하다 平时喜欢吃海鲜

스토리짜기

어제 친구가 나에게 고마워서 해산물을 대접하기로 했다. 나는 30분을 기다렸는데, 그는 오지 않았다. 나중에 알게 되었는데, 알고 보니 그는 그때 일이 생겨서, 조금 늦게 된 것이다. 나는 생각한 끝에, 차라리 식당에 가서 먹으면서 그를 기다리기로 했다. 내가 다 먹고 계산할 때 그가 왔다. 그는 계속해서 나에게 사과를 했고, 나는 어쩔 수 없이 그를 용서했다.

문장쓰기

모범 답안

　　昨天, 朋友为了感谢我, 请我吃海鲜。我等了半个小时, 他也没来。后来才知道, 原来他临时有事, 来得比较晚。我想了想, 干脆去餐厅一边吃饭, 一边等他。我吃完要结账的时候他才来。他连连向我道歉, 我只好原谅他了。

중요 어휘

- 原来…　　　yuánlái… 원래, 알고보니
- 一边…, 一边…　yìbiān…, yìbiān…
　　　　　　　　~하면서 ~하다(동시 동작)
- 向…道歉　　xiàng…dàoqiàn ~에게 사과하다

쓰기 유형 ❸ 주어진 사진을 보고 80자 내외의 문장을 만드세요.

🔵 연상하기

전화기가 놓여 있는 장면 ⋯▶ 전화기가 생겨나면서 변한 생활 모습 서술 ⋯▶ 전화기의 이점

🔵 스토리짜기

전화기가 출현한 이후, 사람들의 소통 방식은 많이 변했다. 전화는 우리들의 생활에 어떠한 이점을 가지고 올까? 첫 번째, 연락이 더욱 편리해졌다. 만약에 어떤 일이 생기면, 직접 갔다 올 필요가 없이 전화 한 통이면 해결된다. 두 번째로, 전화할 때 상대방의 음성을 들을 수 있어, 매우 친근함을 느낀다.

🔵 문장쓰기

모범 답안	중요 어휘	
电话出现以后，人们的沟通方式发生了改变。电话给我们的生活带来了哪些好处呢。第一，联系更方便了。如果有什么事情，不用亲自去一趟，打个电话就解决了。第二，打电话的时候能听到对方的声音，感觉很亲切。	• 给…带来…	gěi…dàilái… ~에게 ~을 가져오다
	• 第一…，第二…	dì yī…，dì èr… 첫 번째는~, 두 번째는~
	• 亲自	qīnzì… 직접

约会 약속

第 9 课

社会 사회

☐ 벌금, 벌금을 물다	罚款	fákuǎn
☐ 법원에 고소하다	上法院	shàng fǎyuàn
☐ 갈등이 생기다	发生矛盾	fāshēng máodùn
☐ 사고가 발생하다	发生事故	fāshēng shìgù
☐ 말다툼하고 몸싸움하다	吵架打架	chǎojià dǎjià
☐ 비만증	肥胖症	féipàngzhèng
☐ 정크푸드	垃圾食品	lājī shípǐn
☐ 신체건강을 해치다	损害身体健康	sǔnhài shēntǐ jiànkāng
☐ 음주운전	酒后开车	jiǔ hòu kāichē
☐ 면허가 취소되다	驾照取消了	jiàzhào qǔxiāo le
☐ 경찰이 딱지를 떼었다	警察开了罚单	jǐngchá kāile fádān
☐ 기사가 딱지를 받았다	司机拿了罚单	sījī nále fádān
☐ 속도 위반	超(过)速(度)	chāo(guò) sù(dù)

☐	담배를 피우다	抽烟	chōuyān
☐	골초	烟鬼	yānguǐ
☐	흡연자	烟民	yānmín
☐	흡연금지	禁止吸烟	jìnzhǐ xīyān
☐	자살	自杀	zìshā
☐	노인봉양 문제	养老问题	yǎnglǎo wèntí
☐	노령화 사회에 진입하다	进入老龄化社会	jìnrù lǎolínghuà shèhuì
☐	아이를 부양하다	抚养孩子	fǔyǎng háizi
☐	부모를 봉양하다	赡养父母	shànyǎng fùmǔ
☐	부모를 공경하다	孝顺父母	xiàoshùn fùmǔ
☐	집값이 오르다	房价上涨	fángjià shàngzhǎng
☐	집값이 내리다	房价下降	fángjià xiàjiàng
☐	은행 이자가 높다	银行利息高	yínháng lìxī gāo
☐	주식 투자를 하다	炒股(票)	chǎogǔ (piào)
☐	교류가 부족하다	缺乏交流	quēfá jiāoliú
☐	지식이 부족하다	缺乏知识	quēfá zhīshi
☐	세대차이가 생기다	出现代沟	chūxiàn dàigōu
☐	인종 차별	种族歧视	zhǒngzú qíshì
☐	성차별	性别歧视	xìngbié qíshì
☐	비행 청소년	失足青年	shīzú qīngnián
☐	범죄를 예방하다	预防犯罪	yùfáng fànzuì

"동량보어"니까 동사 뒤를 졸졸졸!

동작의 횟수를 나타내는 동량보어에 대해서 알아볼까요? 보어는 술어를 보충해주는 성분이기 때문에 술어 뒤에 오는 것이 일반적이에요. 그렇다면 술어 뒤에 오는 동량보어와 목적어와의 순서는 어떻게 될까요?

목적어가 일반 명사일 경우, 목적어는 동량보어 뒤에 와요. 하지만 목적어가 대명사일 경우에 목적어는 동량보어 앞에만 와요. 또, 목적어가 인명, 지명, 호칭인 경우에는 동량보어는 동사 앞뒤에 모두 올 수 있어요.

이처럼 동량보어는 동사를 보충하는 성분이므로 항상 동사 뒤에 오지만, 목적어의 종류에 따라서 동량보어와 목적어의 순서가 달라지므로 이 점에 유의하세요.

🔵 동량보어의 어법 규칙

❶ 동량보어+일반명사 목적어

我看过一次书。 나는 책을 한 번 본 적 있다.
我听过一次歌。 나는 노래를 한 번 들어본 적 있다.
请你帮我找一下钥匙。 당신이 저를 도와서 열쇠를 좀 찾아주세요.
我去看了一遍韩国国际图书展。 나는 한국 국제도서전을 한 번 보러 갔다.

❷ 대명사 목적어+동량보어

我见过他一次。 나는 그를 한 번 본 적 있다.
我去过那儿两次。 나는 그곳에 두 번 가본 적 있다.
他打了我一顿。 그가 나를 한 대 때렸다.
明天早上我要去医院看她一趟。 내일 오전에 나는 병원으로 그녀를 한 차례 문병가려고 한다.

❸ 인명·지명·호칭 목적어+동량보어/ 동량보어+인명·지명·호칭 목적어

我参观过一次长城。 나는 만리장성을 한 번 견학한 적 있다.
我参观过长城一次。
我去中国看过两次成龙。 나는 중국에 가서 성룡을 두 번 본 적 있다.
我去中国看过成龙两次。

쓰기유형 ❶ 주어진 단어를 사용하여 하나의 문장을 만드세요.

① 来过   这家   好多次   饭店   我

➡ _____ 。

② 我   很长时间   找了   上课资料

➡ _____ 。

③ 看了   一个小时   小说   我

➡ _____ 。

주어 술어 동량보어
❶ 这家饭店我 + 来过 + 好多次。
　나는 이 음식점에 여러 번 와봤습니다.
　→ 동태조사 "过"가 있는 "来过"를 술어로 하고, 여러 번이라는 의미의 "好多次"는 동량보어로 술어 뒤에 놓아요.

주어 술어 시량보어 일반 명사 목적어
❷ 我 + 找了 + 很长时间 + 上课资料。
　나는 오랫동안 수업 자료를 찾았습니다.
　→ 시간의 양을 나타내는 시량보어는 술어 뒤에 놓아요. 인칭대명사가 아닌 일반 명사 목적어는 시량보어 뒤에 와요.

주어 술어 시량보어 일반 명사 목적어
❸ 我 + 看了 + 一个小时 + 小说。
　나는 한 시간 동안 소설을 봤습니다.
　→ "一个小时"은 시간의 양을 나타내는 시량보어이고, "看了"는 문장의 술어이며, "小说"는 일반 명사 목적어에요. 시량보어는 술어 뒤에 놓고, 일반 명사 목적어는 시량보어 뒤에 놓아요.

쓰기 유형 ❷ 주어진 단어를 사용하여 80자 내외의 문장을 만드세요.

解决 年龄 地铁 坚定 生气

🔵 탐색하기

解决 jiějué [동] 해결하다
문제를 해결하다 解决问题

年龄 niánlíng [명] 나이, 연령
나이가 많다 年龄很大, 나이가 적다 年龄很小

地铁 dìtiě [명] 지하철
지하철을 타다 坐地铁

坚定 jiāndìng [동] 확고히 하다, 굳히다 [형] 결연하다
의지가 확고하다 意志坚定, 입장이 확고하다 立场坚定, 태도가 확고하다 态度坚定

生气 shēngqì [형] 화내다
나에게 화를 내다 跟我生气, 매우 화를 내다 很生气 / 非常生气

🔵 스토리짜기

오늘 아침 지하철 안에서, 사건 하나가 발생했다. 한 도둑이 물건을 훔치다가 잡혔다. 그의 나이를 보아하니, 스무 살은 넘어 보였다. 모두를 화나게 했던 것은 도둑이 자신의 잘못을 시인하지 않는다는 것이다. 몇 명의 승객이 결연한 태도로 이 일을 해결했고, 도둑을 경찰서에 데려갔다.

🔵 문장쓰기

모범 답안

　　今天早晨在地铁里，发生了一件事情。一个小偷偷东西的时候，被抓住了。看他的年龄，应该有20多岁。让大家生气的是，他不承认自己的错误。几位乘客用坚定的态度解决了这件事，把小偷送到了警察局。

중요 어휘

- 有+⋯ yǒu+⋯ (나이, 거리, 시간. 무게 등) ~만큼 되다
- 让⋯生气 ràng⋯shēngqì ~를 화나게 하다
- 承认错误 chéngrèn cuòwù 잘못을 인정하다

 주어진 사진을 보고 80자 내외의 문장을 만드세요.

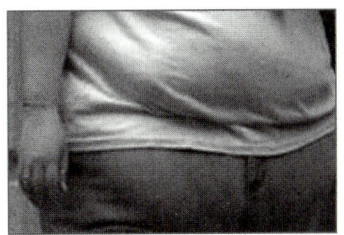

🔵 연상하기

비만 문제 관련 장면 ⋯▶ 비만이 사회적 문제가 되었음 ⋯▶ 비만 인구가 늘어나는 이유 분석 ⋯▶ 비만 예방을 위한 자신의 견해 서술

🔵 스토리짜기

생활 수준이 높아지면서, 비만 인구가 점점 증가한다. 비만을 야기하는 원인에는 어떤 것이 있을까? 첫 번째는 영향구조의 불균형 때문이다. 자주 패스트 푸드 등 칼로리가 높은 음식을 먹는 것이다. 두 번째는 운동 부족이다. 현대인들은 일이 바빠서, 운동할 시간이 매우 적다. 건강을 위해서, 자신의 체중을 관리해야 한다.

🔵 문장쓰기

모범 답안

　　随着生活水平的提高，肥胖的人日益增加。导致肥胖的原因有哪些呢？一来，饮食结构不合理，经常吃快餐等卡路里高的食品；二来，缺乏运动。现代人由于工作紧张，运动的时间很少。为了健康，请注意自己的体重。

중요 어휘

- 日益⋯　　　　　　　rìyì⋯ 나날이 ~하다
- 导致+부정인 결과　dǎozhì+부정인 결과
　　　　　　　　　　~을 야기하다, 유발하다
- 缺乏　　　　　　　　quēfá ~이 부족하다

社会 사회

第10课

外语 외국어

☐ 외국어를 배우다	学外语	xué wàiyǔ
☐ 외국으로 유학을 가다	去国外留学	qù guówài liúxué
☐ 연수를 가다	去进修	qù jìnxiū
☐ 외국인과 교류하다	跟外国人交流	gēn wàiguórén jiāoliú
☐ 외국인과 잡담하다	跟外国人聊天	gēn wàiguórén liáotiān
☐ 문화를 이해하다	了解文化	liǎojiě wénhuà
☐ 풍속을 이해하다	了解风俗	liǎojiě fēngsú
☐ 많이 듣고, 많이 말하고, 많이 읽고, 많이 쓰다	多听、多说、多读、多写	duō tīng、duō shuō、duō dú、duō xiě
☐ 녹음을 듣다	听录音	tīng lùyīn
☐ 녹음을 따라 읽다	跟读录音	gēn dú lùyīn
☐ 유창하게 말하다	说得很流利	shuō de hěn liúlì
☐ 더듬거리며 말하다	说得结结巴巴	shuō de jiējie bābā

☐ 말을 잘하다	说得很好	shuō de hěn hǎo
☐ 원어민처럼 말하다	说得很地道	shuō de hěn dìdao
☐ 외국어는 배우기 어렵다	外语很难学	wàiyǔ hěn nán xué
☐ 어법이 매우 어렵다	语法很难	yǔfǎ hěn nán
☐ 성조가 매우 어렵다	声调很难	shēngdiào hěn nán
☐ 발음을 연습하다	练习发音	liànxí fāyīn
☐ 많이 연습하다	多练习	duō liànxí
☐ 연습이 필요하다	需要练习	xūyào liànxí
☐ 어휘	词语 词汇	cíyǔ cíhuì
☐ 어휘를 공부하다	学习词汇	xuéxí cíhuì
☐ 어휘 학습이 중요하다	学词汇很重要	xué cíhuì hěn zhòngyào
☐ 단어를 외우다	背单词	bèi dāncí
☐ 사전을 찾다	查词典	chá cídiǎn
☐ 자료를 찾다	查资料	chá zīliào
☐ 인터넷 채팅하다	网上聊天	wǎng shàng liáotiān

"被" 뒤에 사람은 뺄 수 있다?!

일반적으로 좋지 않은 상황의 발생을 나타낼 때 피동문의 형식을 사용해서 문장을 만드는데, 주어가 사물인 경우가 대부분이에요. 그러나 모든 문장을 "被"가 들어 있는 피동문으로 바꿀 수 있는 것은 아니에요. "被"가 들어간 피동문이 되기 위해서는 동사는 동작성이 강한 동사여야하고, 주어인 행위의 객체는 화자와 청자가 모두 알고 있는 한정적인 것이 와야 해요.

"被"처럼 피동의 의미를 갖는 단어로 "给", "让", "叫"가 있는데, "被"와 "给"는 뒤에 사람을 생략할 수 있고, "让"과 "叫"는 사람을 생략할 수 없어요. 被자문의 어순은 시험에 자주 출제되는 부분인데 "행위의 객체+被+(행위의 주체)+동사+기타성분"의 순서이고, "被" 뒤의 행위 주체는 생략할 수 있으므로 문제를 풀때 주의해주세요.

被자문의 어법 규칙

❶ 주어의 한정성

我的资料被他借走了。 내 자료는 그가 가져갔다.
这些国有企业仍被政府所重视。 이 일부 국유기업들은 여전히 국가에 의해 중요시되고 있다.

❷ "被" 뒤의 행위 주체는 생략 가능

我的面包被(狗)吃了。 (강아지가) 내 빵을 먹었다.
我和女朋友去旅游被(妈妈)发现了。 내가 여자친구와 여행에 간 것이 (엄마에게) 발각됐다.

❸ 동작성 동사

玻璃被我打碎了。 유리병은 내가 깼다.
那位女教师的短裙被风吹起来。 그 여선생님의 미니스커트가 바람에 들렸다.

❹ 동사 뒤 기타성분

我的书被朋友拿走了。 내 책은 친구가 가져갔다.
老吕被同学推选为班长。 라오뤼가 친구들에 의해 반장으로 뽑혔다.

쓰기 유형 ❶ 주어진 단어를 사용하여 하나의 문장을 만드세요.

① 了　被　录取　我　那所名牌大学

　➡ _____。

② 别人　预订了　5号座　已经　被

　➡ _____。

③ 被　这个理论　很多　领域　应用到

　➡ _____。

　　　　주어　　　전치사구　　　술어
❶ 我 + 被那所名牌大学 + 录取了。
　　나는 그 명문대학교에 합격했다.
　→ 동사인 "录取"를 가장 먼저 찾고, "被"가 있으니 피동문을 만들어봐요. 합격된 객체로 사람인 "我"를 주어로 하고, "那所名牌大学"를 합격시킨 주체로 하면 피동문이 완성돼요.

　　주어　　부사　　전치사구　　술어
❷ 5号座 + 已经 + 被别人 + 预订了。
　　5번 좌석은 이미 다른 사람에 의해 예약되었다.
　→ 동사 "预订"이 있는 "预订了"를 술어로 하고 "被"가 있으니 피동문을 만들어봐요. "被" 뒤에 사람이 와야 하므로 "别人"을 "被" 뒤에 놓고, 예약된 객체로 "5号座"는 주어 자리에 놓아요. 부사 "已经"은 주어와 전치사구 사이에 놓아 문장을 완성해요.

　　주어　　　술어　　　목적어
❸ 这个理论 + 被应用到 + 很多领域。
　　이 이론은 많은 영역에 응용되었다.
　→ 동사 "应用"의 피동 의미는 "응용되다"에요. 응용되는 것은 "이론"이므로 "이론"을 주어로 피동문을 만들어요.

쓰기 유형 ❷ 주어진 단어를 사용하여 80자 내외의 문장을 만드세요.

练习 宿舍 流利 理解 恐怖

탐색하기

练习 liànxí — 동 연습하다
발음을 연습하다 练习发音, 듣기를 연습하다 练习听力

宿舍 sùshè — 명 기숙사
기숙사에 살다 住在宿舍

流利 liúlì — 형 유창하다
언어가 유창하다 语言流利, 영어를 유창하게 하다 英语说得流利

理解 lǐjiě — 동 이해하다
상대방의 마음을 이해하다 理解对方的心情, 이 상황을 이해하다 理解这个情况

恐怖 kǒngbù — 명 무섭다, 공포스럽다
공포를 느끼다 觉得很恐怖

스토리짜기

나는 한국 유학생이고, 중국에서 중국어를 공부한지 일년이 되었다. 나는 학교 기숙사에서 살고, 룸메이트는 중국인이다. 그의 가장 큰 취미는 공포영화를 보는 것이다. 나는 자주 기회를 갖고 그와 중국어를 연습한다. 후에 문화적 차이를 이해하게 되었고, 문화적 차이가 생겨난 이유도 알게 되었다. 나의 올해 바람은 중국어를 유창하게 말할 수 있게 되는 것이다.

문장쓰기

모범 답안

我是一名韩国留学生，在中国学了一年汉语了。我住在学校的宿舍里，我的同屋是中国人，他最大的爱好是看恐怖电影。我常常找机会和他练习汉语，后来我既了解了文化差异，也理解了造成文化差异的原因。我今年的愿望是能够流利地说汉语。

중요 어휘

- 学一年汉语 xué yì nián Hànyǔ 1년 동안 중국어를 공부하다
- 找机会… zhǎo jīhuì ~할 기회를 갖다
- 既… 也… jì… yě… ~도 하고 ~도 하다

 주어진 사진을 보고 80자 내외의 문장을 만드세요.

🔵 연상하기

학생이 사전을 보면서 공부를 하고 있는 장면 ···▶ 공부 ···▶ 외국어 학습 ···▶ 자신이 생각하는 외국어 학습 방법 서술

🔵 스토리짜기

외국어 학습의 가장 좋은 방법은 무엇일까? 많은 사람들이 많이 듣고, 많이 말하고, 많이 읽는 것이라고 말한다. 그러나 이런 것들은 말은 쉽지만 실제로 하기는 어렵다. 듣는 걸로 예를 들면, 만약 모르는 단어가 많으면, 어떻게 듣고 이해할 수 있을까? 그래서 단어를 외우는 습관을 길러야 하는데, 언제든, 어디든, 시간만 있으면 펼쳐봐야 한다.

🔵 문장쓰기

모범 답안

　　学外语最好的方法是什么呢? 很多人说是多听、多说、多读。可这说起来容易, 做起来很难。就拿听来说, 如果有很多生词, 怎么能听懂? 因此, 要养成背生词的习惯, 不管什么时候, 不管在哪儿, 只要有时间, 就打开看看。

중요 어휘

- 拿…来说　　　ná…lái shuō　~을 예로 들면
- 养成…的习惯　yǎngchéng…de xíguàn
　　　　　　　~하는 습관을 기르다
- 不管…　　　　bùguǎn…　~에 관계없이

外语 외국어

第11课

交通 교통

☐ 수업에 늦을까 봐 두렵다	怕上课迟到	pà shàngkè chídào
☐ 교통이 막히다	交通堵塞	jiāotōng dǔsè
☐ 차가 막히다	堵车 赛车	dǔchē sàichē
☐ 운전할 줄 알다	会开车	huì kāichē
☐ 출퇴근 시간 때를 만나다	赶上上下班时间	gǎnshàng shàngxiàbān shíjiān
☐ 속도를 초과하다	超(过)速(度)	chāo(guò) sù(dù)
☐ 사고가 발생하다	发生事故	fāshēng shìgù
☐ 교통 사고가 발생하다	发生交通事故	fāshēng jiāotōng shìgù
☐ 차 사고가 나다	出车祸	chū chēhuò
☐ 차를 천천히 몰다	车开得很慢	chē kāi de hěn màn
☐ 차를 빨리 몰다	车开得很快	chē kāi de hěn kuài
☐ 버스를 타다	坐公车 坐公交车	zuò gōngchē zuò gōngjiāochē

☐ 먼저 내리고 나중에 타다	先下后上	xiān xià hòu shàng
☐ 반대로 탔다	坐反了	zuòfǎn le
☐ 방향이 틀렸다	方向错了	fāngxiàng cuò le
☐ 지하철을 타다	坐地铁	zuò dìtiě
☐ 지하철은 제시간에 맞춰온다	地铁很准时	dìtiě hěn zhǔnshí
☐ 차 안이 붐비다	车上很拥挤	chē shàng hěn yōngjǐ
☐ 노인에게 자리를 양보하다	给老人让座	gěi lǎorén ràngzuò
☐ 장애인에게 자리를 양보하다	给残疾人让座	gěi cánjírén ràngzuò
☐ 차 안이 시끄럽다	车上很吵闹	chē shàng hěn chǎonào
☐ 운전 면허증	驾驶执照 驾照 驾驶证	jiàshǐ zhízhào jiàzhào jiàshǐzhèng
☐ 운전 면허 시험을 보다	考驾照	kǎo jiàzhào
☐ 나는 앞에 있는 차를 쳤다	我撞到前边的车了	wǒ zhuàngdào qiánbiān de chē le
☐ 나는 차에 부딪쳤다	我被车撞了	wǒ bèi chē zhuàng le
☐ 앞에 신호등이 있다	前边有红绿灯	qiánbiān yǒu hónglǜdēng
☐ 신호 위반하다	闯红灯	chuǎng hóngdēng

"过"도 "了"처럼 "완료"를 의미한다?!

지금까지 동태조사 "过"는 경험을 나타내고, "了"는 완료를 나타낸다고 배우지 않았나요? 동태라는 말은 동작의 상태라는 말로, 동태조사 "过"는 어떤 동작이 과거에 발생했음을 나타내고, "了"는 동작이 이미 이루어졌음을 나타내요.

하지만 "过"가 "了"와 같이 붙어서 사용될 때, 즉 "过了"로 사용될 때는 "了"처럼 완료를 나타내서, "过了"는 "벌써 ~하다"라고 해석돼요. 문장 안에 동태조사 "过"가 있다고 항상 경험을 나타내는 것은 아니라는 사실을 꼭 기억해두세요.

"过"의 경험

我跟他见过面。 나는 그와 만난 적 있다.
这个菜我以前吃过。 이 요리를 이전에 먹어봤다.
韩国我去年来过。 한국은 작년에 와봤다.
我从来没喝过这种饮料。 나는 이제껏 이런 음료를 마셔본 적 없다.

"了"의 완료

今天晚上我跟朋友约好了一起吃饭。 오늘 저녁에 나는 친구와 함께 식사하기로 약속했다.
我先到了我们约好的场所。 내가 먼저 우리의 약속 장소에 도착했다.
趁着她休息，问了几道问题。 그녀가 쉬는 틈을 타, 몇 가지 물어봤다.
我在中国住了三年了。 나는 중국에 3년 동안 살았다.

"过了"의 완료

火车开过了。 기차가 지나가 버렸다.
晚饭我吃过了。 저녁을 나는 먹어 버렸다.
这本书他借过了。 이 책을 그가 빌려갔다.
我刚才已经打电话问过了。 나는 방금 벌써 전화로 물어봤다.

쓰기 유형 ❶ 주어진 단어를 사용하여 하나의 문장을 만드세요.

① 短信 把手机里 的 删除了 我

➡ _____。

② 点了点 头 我们都 向老师

➡ _____。

③ 已经 这个 得到了 批准 方案

➡ _____。

　　　　주어　　　전치사구　　　　술어
❶ 我 + 把手机里的短信 + 删除了。
　　나는 핸드폰의 문자를 지웠다.
　→ "删除了"가 문장의 술어예요. 술어 앞에 "删除"한 대상을 "把"와 함께 놓아야 해요. 제시된 단어 중에서 "把手机里"와 "短信"을 사용해서 전치사구를 만들어 술어 앞에 놓아요. 주어 "我"는 술어 앞에 넣어 문장을 완성해요.

　　　주어　부사　전치사구　　술어　목적어
❷ 我们 + 都 + 向老师 + 点了点 + 头。
　　우리는 모두 선생님에게 고개를 끄덕였다.
　→ 동태조사 "了"가 있는 "点了点"이 문장의 술어예요. 의미에 맞는 목적어 "头"를 술어 뒤에 놓아 "고개를 끄덕이다"라는 표현을 만들고 "向老师"는 전치사구이므로 주어 뒤, 술어 앞에 넣어서 문장을 완성해요.

　　　주어　　부사　　술어　　목적어
❸ 这个方案 + 已经 + 得到了 + 批准。
　　이 방안은 이미 동의를 얻었다.
　→ "得到了"에 어울리는 목적어 "批准"을 찾아서 "비준을 얻었다"라는 의미의 "得到了批准"을 만들고, "这个" 뒤에 명사 "方案"을 연결해 문장의 주어를 만들어요. 주어, 부사, 술어, 목적어 순서로 배열하면 문장이 완성돼요.

 주어진 단어를 사용하여 80자 내외의 문장을 만드세요.

堵车 办公室 支持 吃惊 立刻

탐색하기

堵车 dǔchē
- 동 차가 막히다
- 차가 심하게 막히다 堵车堵得很厉害/车堵得很厉害/堵车很厉害,
- 차 막힘 현상이 심각하다 堵车现象很严重

办公室 bàngōngshì
- 명 사무실
- 사무실에 들어오다 进办公室来

支持 zhīchí
- 동 버티다, 지지하다
- 나는 그를 매우 지지한다 我非常支持他.
- 그는 전국민의 지지를 받았다 他得到了全国人民的支持

吃惊 chījīng
- 형 놀라다
- 매우 놀라다 很吃惊, 나는 매우 놀라서 말을 잘못 했다 我很吃惊地说错了

立刻 lìkè
- 부 즉시, 즉각
- 문제가 생기면 즉각 전화를 주세요 有问题立刻打给我

스토리짜기

나는 오늘 아침에 일어나서 시계를 보고, 매우 놀랐는데, 늦잠을 자 버린 것이다. 나는 즉시 옷을 입고, 세수를 하고 집을 나섰다. 뜻밖에 러시아워를 만났는데, 차가 심하게 막힐 뿐만 아니라 차에 사람이 매우 많아서 혼잡해서 나는 버티고 있지 못할뻔했다. 10시가 다 되었을 때, 나는 간신히 사무실에 도착했다.

문장쓰기

모범 답안

我今天早上起床一看表, 非常吃惊, 居然睡过头了. 我立刻穿上衣服, 洗了脸就出门了. 没想到赶上高峰期, 不仅车堵得特别厉害, 而且车上人非常多, 挤得我快支持不住了. 快十点的时候, 我好不容易才到办公室.

중요 어휘
- 没想到… méixiǎngdào…
  뜻밖에, ~을 생각지도 못하다
- …得厉害 …de lìhai (~한 정도가) 심하다
- 好不容易… hǎobùróngyì… 간신히 ~하다

 주어진 사진을 보고 80자 내외의 문장을 만드세요.

연상하기

자동차 사고가 난 장면 ⋯▶ 교통 사고 발생을 서술 ⋯▶ 교통 사고 발생의 원인 서술 ⋯▶ 교통 사고를 방지하기 위한 방법 제시

스토리짜기

최근 몇 년간, 많은 나라의 사람들이 교통사고율을 낮추기 위해서, 많은 노력을 했다. 교통사고 발생의 원인은 어떤 것들이 있을까? 첫 번째, 운전자의 음주 운전이다. 두 번째, 운전자의 졸음 운전이다. 세 번째, 길의 상황이 좋지 않아서이다. 자신과 타인의 안전을 위해서, 교통 규칙을 지켜야 한다.

문장쓰기

모범 답안

近几年，很多国家为了降低交通事故率，做出了很大的努力。发生交通事故的原因有哪些呢？第一，司机酒后驾车；第二，司机疲劳驾驶；第三，路面情况不好。为了自己和他人的安全，请遵守交通规则。

중요 어휘

- 降低⋯   jiàngdī⋯ ~을 낮추다
- 遵守⋯规则   zūnshǒu⋯guīzé
              ~규칙을 준수하다

第 12 课

营养 영양

☐ 영양이 풍부하다	营养丰富	yíngyǎng fēngfù
☐ 영양이 없다	没有营养	méi yǒu yíngyǎng
☐ 영양을 제공하다	提供营养	tígōng yíngyǎng
☐ 입맛이 없다	没有胃口 没有食欲	méi yǒu wèikǒu méi yǒu shíyù
☐ 입맛을 돋구다	开胃	kāiwèi
☐ 비타민	维他命 维生素	wéitāmìng wéishēngsù
☐ 단백질	蛋白质	dànbáizhì
☐ 지방	脂肪	zhīfáng
☐ 탄수화물	碳水化合物	tànshuǐ huàhéwù
☐ 하루에 세끼를 먹다	一天吃三顿饭	yì tiān chī sān dùn fàn
☐ 자주 수분을 섭취하다	常常摄取水分	chángcháng shèqǔ shuǐfēn
☐ 아침을 거르다	不吃早饭	bù chī zǎofàn

☐	아침을 먹으면 건강에 좋다	吃早饭对健康很好 吃早饭对健康有利	chī zǎofàn duì jiànkāng hěn hǎo chī zǎofàn duì jiànkāng yǒulì
☐	편식을 하면 건강에 좋지 않다	挑食对健康不好	tiāoshí duì jiànkāng bù hǎo
☐	식사 시간	吃饭时间	chīfàn shíjiān
☐	과일과 채소를 많이 먹다	多吃水果和蔬菜	duō chī shuǐguǒ hé shūcài
☐	튀긴 음식은 몸에 좋지 않다	油炸食品对身体不好	yóuzhá shípǐn duì shēntǐ bù hǎo
☐	음식 영양구성이 합리적이어야 한다	饮食结构要合理	yǐnshí jiégòu yào hélǐ
☐	영양소가 부족하다	营养不够 营养不足 缺乏营养	yíngyǎng bú gòu yíngyǎng bùzú quēfá yíngyǎng
☐	영양이 균형적이다	营养均衡	yíngyǎng jūnhéng
☐	식료품 시장	菜市场	cài shìchǎng
☐	건강 식품	健康食品	jiànkāng shípǐn
☐	정크 푸드	垃圾食品	lājī shípǐn
☐	정크 음료	垃圾饮料	lājī yǐnliào
☐	탄산 음료	碳酸饮料	tànsuān yǐnliào

어법공략

能 vs 会

조동사 "能"과 "会"의 뜻을 알고 있나요? 일반적으로 둘 다 "~할 수 있다"라고 해석해요. 하지만 그 의미는 달라요. "能"은 능력이 되어서 무엇인가를 할 수 있다는 의미이고, "会"는 후천적으로 배워서 무엇인가를 할 줄 안다는 의미에요. "能"과 "会"에는 모두 "잘하다", "능숙하다"라는 의미가 있는데, 그렇다면 "그녀는 참 말을 잘해."라고 말하려면 어떤 조동사를 사용해야 할까요?

"她很会说话.", "她很能说话." 이 두 문장 모두 어법적으로 맞는 표현이에요. 하지만 구체적인 의미는 다른데, "能"은 양적인 측면을 강조하는 것으로, "她很能说话."는 말을 많이 하고, 즐겨한다는 뜻이에요. "会"는 질적인 측면을 강조하기 때문에 "她很会说话."는 논리적으로 말을 잘한다는 의미예요. "能"과 "会"의 미묘한 차이를 알면 쓰기가 한결 쉬워질 거에요.

"能"의 기능

❶ 선천적 능력 획득(양)

她很能说话。 그녀는 말을 잘한다.(말을 많이 한다.)
他很能唱歌。 노래를 잘한다.(노래를 많이 부른다.)

❷ 허가

我能出去吗? 제가 나가도 될까요?
花园的花儿不能随便摘。 꽃밭의 꽃은 마음대로 꺾으면 안된다.

"会"의 기능

❶ 후천적 능력 획득(질)

她很会说话。 그녀는 말을 잘한다.(언변이 뛰어나다.)
他很会唱歌。 노래를 잘한다.(노래 실력이 좋다.)

❷ 가능성 추측

久而久之你的汉语会好的。 시간이 지나면 중국어를 잘하게 될 거야.
你会适应这里的一切的。 여기 생활에 익숙해질 거야.

쓰기 유형 ❶ 주어진 단어를 사용하여 하나의 문장을 만드세요.

① 踢球　应该　你们　足球场　在

　➡ _____。

② 出席此次　她　要　邀请专家　学术讨论会

　➡ _____。

③ 要　一定　态度诚恳　道歉的时候

　➡ _____。

---

❶ 你们 + 应该 + 在足球场 + 踢球。
　（주어）　（조동사）　（전치사구）　（술목 술어）
　당신들은 축구장에서 축구를 해야 합니다.
　→ 조동사 "应该"는 동사 앞에 오고, 전치사구가 있을 때는 전치사구는 부사어이므로 일반적으로 주어와 술어 사이에 오는데, 조동사가 있을 경우는 조동사와 술어 사이에 와요.

❷ 她 + 要 + 邀请 + 专家 + 出席 + 此次学术讨论会。
　（주어）（조동사）（술어1）（목적어）（술어2）（목적어）
　그녀는 전문가를 초청하여 이번 학술 토론회에 참가하려고 한다.
　→ 술어와 목적어가 두 개인 연동문에서 조동사는 첫 번째 동사 앞에 놓고, 각각의 동사에 맞는 목적어를 찾아 동작의 발생 순서대로 문장을 완성해요. 먼저 전문가를 초청한 후에 학습 토론에 참가하므로 이 순서대로 문장을 배열해요.

❸ 道歉的时候， + 一定 + 要 + 态度诚恳。
　（시간사）　（부사）（조동사）（술어）
　사과를 할 때는 반드시 태도가 정중해야 한다.
　→ 시간사 "道歉的时候"를 맨 앞에 놓고, "부사+조동사+술어"의 순서로 문장을 완성해요.

쓰기 유형 ❷ 주어진 단어를 사용하여 80자 내외의 문장을 만드세요.

快餐店　敏捷　好奇　位子　随便

🔵 탐색하기

快餐店 kuàicāndiàn　명 패스트 푸드점
나는 자주 패스트 푸스점에 가서 식사를 한다 我常常去快餐店吃饭

敏捷 mǐnjié　형 빠르다
동작이 빠르다 动作敏捷.
그는 빠르게 내 반찬을 가져갔다 他敏捷地拿走了我的饭菜

好奇 hàoqí　형 호기심을 느끼다
이 상황에 매우 호기심을 느끼다 对这个情况很好奇.
그는 이 사진을 보고 매우 호기심을 느꼈다 看到这张照片, 他觉得很好奇

位子 wèizi　명 자리, 좌석
자리를 차지하다 占位子, 자리가 없다 没有位子

随便 suíbiàn　부 마음대로
마음대로 주문하다 随便点, 마음대로 결정하다 随便决定

🔵 스토리짜기

어제 나와 친구는 거리를 다 돌아다니고, <u>대충</u> 뭐 좀 먹고 싶어서, <u>패스트 푸드점</u>에 들어갔다. 생각지도 못하게 그 시간에 사람이 많았는데, 친구의 동작이 매우 <u>민첩하여</u>, 두 <u>자리</u>를 맡았다. 메뉴판의 몇 가지 새로운 음식을 보고, 친구는 <u>호기심이 생겨</u>, 특별히 맛보고 싶어했다. 그래서 나는 하는 수 없이 그 요리를 시켰다.

🔵 문장쓰기

모범 답안

　　昨天我和朋友逛完街, 想随便吃点儿什么, 就去了快餐店。没想到那个时间人非常多, 朋友的动作很敏捷, 占了两个位子。看到菜单上有些新菜, 朋友很好奇, 特别想尝一尝, 所以我只好点了那道菜。

중요 어휘
- 想…就　　xiǎng…jiù ~하고 싶어서 ~하다
- 占…位子　zhàn…wèizi ~자리를 차지하다
- 点菜　　　diǎncài 요리를 주문하다

营养 영양

쓰기 유형 ❸ 주어진 사진을 보고 80자 내외의 문장을 만드세요.

🔵 연상하기

영양이 풍부한 음식 재료들 ···▶ 매 끼 식사의 중요성 혹은 아침 식사의 중요성 서술 ···▶ 요즘 아침을 안 먹어서 건강이 안 좋아졌다던가 혹은 꾸준한 아침 식사로 건강이 좋아진 경험 및 느낌 서술

🔵 스토리짜기

 아침의 중요성은 이미 모두가 알고 있다. 아침은 영양이 풍부해야 할 뿐만 아니라, 영향이 균형적이어야 한다. 아침식사 문제에서 두 가지의 좋지 않은 상황이 있는데, 하나는 아침에 늦게 일어나서 대충 몇 입 먹는 것이고, 또 다른 하나는 아침밥을 먹지 않는 것이다. 일단 이런 습관이 생기면, 시간이 지날수록 건강에 해로울 것이다.

🔵 문장쓰기

모범 답안

　　早餐的重要性已是众所周知。早餐不仅要营养丰富，而且要营养均衡。在早餐问题上有两种不良情况，一种是早上起得晚，随便吃上几口；另一种是不吃早饭。一旦养成这种习惯，久而久之会给身体带来危害。

중요 어휘

- 众所周知　　　zhòngsuǒzhōuzhī 모두가 다 알다
- 一旦…就…　　yídàn…jiù… 일단 ~하면 ~하다
- 久而久之　　　jiǔ'érjiǔzhī 시간이 지나면

第 13 课

教育 교육

☐ 등교하다	上学	shàngxué
☐ 하교하다	放学	fàngxué
☐ 수업하다	上课	shàngkè
☐ 수업이 끝나다	下课	xiàkè
☐ (교사가) 수업 종료 시간을 끌다	拖堂	tuōtáng
☐ 학교 교육	学校教育	xuéxiào jiàoyù
☐ 가정 교육	家庭教育	jiātíng jiàoyù
☐ 아이의 교육은 중요하다	孩子的教育很重要	háizi de jiàoyù hěn zhòngyào
☐ 부모님의 영향을 받다	受父母的影响	shòu fùmǔ de yǐngxiǎng
☐ 선생님의 영향을 받다	受老师的影响	shòu lǎoshī de yǐngxiǎng
☐ 부모님의 영향이 매우 크다	父母的影响很大	fùmǔ de yǐngxiǎng hěn dà
☐ 선생님의 영향이 매우 크다	老师的影响很大	lǎoshī de yǐngxiǎng hěn dà
☐ 나의 인생에 영향을 미치다	影响我的人生	yǐngxiǎng wǒ de rénshēng

☐ 나의 공부에 영향을 미치다	影响我的学习	yǐngxiǎng wǒ de xuéxí
☐ 인성 교육	素质教育	sùzhì jiàoyù
☐ 주입식 교육	填鸭式教育	tiānyāshì jiàoyù
☐ 정보화 시대	信息时代	xìnxī shídài
☐ 유교 교육	儒家教育	Rújiā jiàoyù
☐ 성적이 떨어지다	成绩很差	chéngjì hěn chà
☐ 진도를 못 따라가다	跟不上进度	gēn bù shàng jìndù
☐ 일 이등을 하다	数一数二	shǔyīshǔ'èr
☐ 일 이등을 하다, 성적이 좋다	名列前茅	mínglièqiánmáo
☐ 꼴등을 하다, 성적이 좋지 않다	名落孙山	míngluòsūnshān
☐ 배로 노력하다	加倍努力	jiābèi nǔlì
☐ 공부를 열심히 하다	学习很认真	xuéxí hěn rènzhēn
☐ 해이해지지 않고 견지하다	坚持不懈	jiānchí bú xiè
☐ 사흘간 물고기를 잡고, 이틀간 그물을 말리다 (작심삼일)	三天打鱼，两天晒网	sāntiān dǎyú, liǎngtiān shàiwǎng
☐ 교육 방식이 매우 특별하다	教育方式很特别 教育方式很独特	jiàoyù fāngshì hěn tèbié jiàoyù fāngshì hěn dútè

13

教育 교육 | 83

没有 비교문은 확실한 차이를!
不比 비교문은 미미한 차이를!

"나는 그보다 잘생겼다."라는 표현을 중국어로 어떻게 할까요? "比"를 사용해 비교문을 만들면 "我比他英俊."이 되요. 이 문장을 수학적 기호로 표시하면 "A(我) 〉 B(他)"이고, 부정문의 형식으로 문장을 바꿀때는 "不比"가 아닌 "没有"를 사용해서 만들어야 해요.

"他没有我英俊."이 "그는 나만큼 잘생기지 않았다."라는 뜻의 문장이에요. 이 문장을 수학적 기호로 표시하면 "B(他) 〈 A(我)"로, 확실히 내가 더 잘생겼다는 의미예요. 그렇다면 "不比"를 사용한 비교문은 어떤 의미로 사용되는지 알고 있나요?

"他不比我英俊."은 "그는 나보다 잘생기지 않았다."라는 뜻으로 "그는 나와 비슷한 정도로 잘생겼다." 또는 "그는 나보다 못생겼다."는 의미예요. 한마디로, 차이가 미미하여 도토리 키재기라는 의미죠. 지금까지 살펴봤듯이, "没有"비교문은 확실한 차이를, "不比"비교문은 미미한 차이를 나타낸다는 것을 잊지 마세요.

비교문의 종류

❶ "比" 비교문 : A+(不)比+B+(更/还/还要)+형용사+(비교의 정도)

这里的天气比那里的天气更热。 여기 날씨는 거기 날씨보다 더 덥다.
我妈妈做的菜比这家饭馆的菜还好吃。 우리 엄마가 만들어 주신 음식은 이 식당 음식보다 더 맛있다.
他比我大三岁。 그는 나보다 3살 많다.
这样做不比那样做容易。 이렇게 하는 것은 저렇게 하는 것 보다 쉽지 않다.(별 차이가 없다.)
今天打扮了一下，发现我不比别人差。 오늘 화장을 하고 나서, 내가 다른 사람들보다 못하지
　　　　　　　　　　　　　　　　　　않다는 것을 알았다.(별 차이가 없다.)

❷ "有" 비교문 : A+(没)有+B+(这样/那样/这么/那么)+형용사

这种葡萄有那种葡萄甜。 이런 포도는 저런 포도만큼 달다.
他的汉语水平有我好。 그의 중국어 실력은 나만큼 좋다.
我的房间有他的房间干净。 내 방은 그의 방만큼 깨끗하다.
她没有我漂亮。 그녀는 나만큼 예쁘지 않다.(내가 더 예쁘다.)
我没有妈妈唱歌唱得那么好。 나는 엄마만큼 그렇게 노래를 잘 부르지 못한다.
　　　　　　　　　　　　　　　(엄마가 더 노래를 잘한다.)

쓰기 유형 ❶ 주어진 단어를 사용하여 하나의 문장을 만드세요.

① 什么安慰的话　都　温暖　一个拥抱　比

➡ _____ 。

② 二十本　比弟弟的　多　我的书

➡ _____ 。

③ 那么　姐姐　没有妹妹　漂亮

➡ _____ 。

　　　　　주어　　　　　전치사구　　　　부사　　　술어
❶ 一个拥抱 + 比什么安慰的话 + 都 + 温暖。
　　한 번의 포옹은 어떤 위로의 말보다 따뜻하다.
　　→ 비교를 나타내는 전치사구 "比什么安慰的话"를 주어와 술어 사이에 놓고, 그 뒤에 부사와 술어를 찾아 순서대로 놓아요.

　　주어　　　전치사구　　술어　　보어
❷ 我的书 + 比弟弟的 + 多 + 二十本。
　　나의 책은 남동생의 책보다 스무 권이 많다.
　　→ "比弟弟的"라는 비교를 나타내는 전치사구를 주어와 술어 사이에 놓고, 보어 "二十本"은 술어 뒤에 놓아요.

　　주어　　전치사구　　부사　　술어
❸ 姐姐 + 没有妹妹 + 那么 + 漂亮。
　　언니는 여동생만큼 예쁘지 않다.(여동생이 더 예쁘다.)
　　→ "여동생만큼"이라는 비교를 나타내는 전치사구 "没有妹妹"를 정도부사 "那么" 앞에 놓고, 술어 "漂亮"은 부사 뒤에 놓아요.

제시어 쓰기 공략

쓰기 유형 ❷ 주어진 단어를 사용하여 80자 내외의 문장을 만드세요.

养成　要求　教室　作用　准时

🔵 탐색하기

养成 yǎngchéng　동 기르다, 양성하다
매일 복습하는 습관을 기르다 养成每天复习的习惯, 습관을 기르다 养成习惯
매일 일찍 자고 일찍 일어나는 습관을 기르다 养成每天早起早睡的习惯

要求 yāoqiú　동 요구하다　명 요구
부모님께서 엄하게 나에게 대하신다 父母对我要求严格,
나는 선생님의 요구에 부응할 수 없다 我不能满足老师的要求

教室 jiàoshì　명 교실
교실에 들어오다 进教室来, 교실을 나가다 从教室出去

作用 zuòyòng　명 작용, 역할, 효과
긍정적인 역할을 하다 起到很积极的作用, 부정적인 역할을 하다 起到消极的作用

准时 zhǔnshí　부 정각에　형 시간을 잘 지키다
버스가 항상 정각에 출발한다 公车总是准时出发,
내 친구는 평소에 시간을 잘 지킨다 我朋友平时很准时

🔵 스토리짜기

나는 고등학생이고, 매일 수업이 끝난 후에 학원에 간다. 나는 학원에 갈 필요가 없다고 생각하지만, 엄마는 학원에 가는 것이 학습에 어느 정도 역할을 한다고 여기셔서, 나는 어쩔 수 없이 엄마의 말을 듣기로 했다. 학원 선생님은 매우 엄격하신데, 학생들에게 매일 정시에 교실에 들어올 것을 요구한다. 나는 서서히 지각하지 않는 습관을 기르게 되었다.

🔵 문장쓰기

모범 답안

　　我是高中生，每天下课以后去补习班。我觉得没有必要去补习班，但是妈妈认为去补习班会对学习起到一定的作用，我不得不听她的话。补习班老师的要求很严格，他要求学生每天准时进教室。我慢慢地养成了不迟到的习惯。

중요 어휘

- 没有必要⋯　méiyǒu bìyào⋯ ~할 필요가 없다
- 起⋯作用　qǐ⋯zuòyòng ~한 역할을 하다
- 不得不⋯　bùdébù⋯ 하는 수 없이~

 주어진 사진을 보고 80자 내외의 문장을 만드세요.

연상하기
수업을 하는 장면 ···▶ 학원 수업 혹은 학교 수업에 대한 서술 ···▶ 수업 시간과 관련 개인의 경험 및 느낌 서술

스토리짜기
학교 교육은 이미 완전하게 학부모들의 교육을 만족시킬 수 없기 때문에, 수업이 끝난 후에 학원에 가서 공부하는 것은 일종의 유행이 되어 버렸다. 학부모들은 학원에 가는 것이 아이들에게 많은 이점이 있다고 여긴다. 우선, 아이들이 배운 지식을 복습할 수 있고, 그 다음으로 학부모들은 아이들이 어디에 가는지 걱정할 필요가 없다.

문장쓰기

모범 답안
　　由于学校的教育已经不能完全满足家长的要求，因此下课以后去补习班学习已经成为了一流行。家长认为去补习班对孩子有很多好处。首先，孩子能复习一下学过的知识；其次，家长不用担心孩子的去向。

중요 어휘
- 成为… chéngwéi… ~이 되다
- 对…有很多好处 duì…yǒu hěn duō hǎochu ~에 많은 장점이 있다
- 不用… bú yòng… ~할 필요가 없다

第 14 课

留学 유학

☐ 미국으로 유학가다	去美国留学	qù Měiguó liúxué
☐ 미국은 교육이 발달한 국가이다	美国是教育发达的国家	Měiguó shì jiàoyù fādá de guójiā
☐ 중국으로 유학가다	去中国留学	qù Zhōngguó liúxué
☐ 언어를 배우다	学语言	xué yǔyán
☐ 문화를 배우다	学文化	xué wénhuà
☐ 외국에 가서 언어를 연수하다	去国外进修语言	qù guówài jìnxiū yǔyán
☐ 세상 물정을 알다	见世面	jiàn shìmiàn
☐ 안목을 넓히다	打开眼界	dǎkāi yǎnjiè
☐ 경험을 풍부하게 하다	丰富经验	fēngfù jīngyàn
☐ 견문을 넓히다	增长见识	zēngzhǎng jiànshi
☐ 문화를 교류하다	交流文化	jiāoliú wénhuà
☐ 선진 기술	先进技术	xiānjìn jìshù
☐ 선진 학문	先进学科	xiānjìn xuékē

☐ 출국하다	出国	chūguó
☐ 귀국하다	回国	huíguó
☐ 외국 친구를 사귀다	交外国朋友	jiāo wàiguó péngyou
☐ 많은 것을 배웠다	学到了很多东西	xuédàole hěn duō dōngxi
☐ 그가 오기를 기다리다	等待着他的到来	děngdàizhe tā de dàolái
☐ 사전을 찾다	查词典	chá cídiǎn
☐ 부모님을 그리워하다	想念父母	xiǎngniàn fùmǔ
☐ 한국을 그리워하다	想念韩国	xiǎngniàn Hánguó
☐ 일찍 귀국하고 싶다	想早点儿回国	xiǎng zǎo diǎnr huíguó
☐ 학업을 마치다	学业结束	xuéyè jiéshù
☐ 졸업장을 받다	拿到毕业文凭	nádào bìyè wénpíng
☐ 유학 기간	留学期间	liúxué qījiān
☐ 유학생	留学生	liúxuéshēng
☐ 많은 일을 경험했다	经历了很多事情	jīnglìle hěn duō shìqing

14

"~을/~를"만 목적어는 아니다!

중국어의 기본 어순은 "주어+술어+목적어"예요. 일반적으로 목적어는 우리말의 "~을", "~를"에 해당해요. 하지만 "~을", "~를"로 해석되지 않아도 목적어라는 사실을 알고 있나요?

중국어에서 주어와 목적어의 관계는 다양하기 때문에, 주체와 객체 뿐만 아니라 동사 뒤에서 장소, 도구, 수량 등이 되는 성분은 모두 목적어가 될 수 있어요. 우리말 해석에 연연해서 목적어를 판단하지 말아야 한다는 사실을 잊지 마세요.

목적어의 종류

❶ 술어의 객체
  吃米饭。 쌀밥을 먹다.
  写日记。 일기를 쓰다.

❷ 술어의 주체
  下了大雨。 큰 비가 왔다.
  死了母亲。 어머니가 돌아가셨다.

❸ 장소
  去中国。 중국에 가다.
  住宿舍。 숙소에 묵다.

❹ 도구
  捆绳子。 끈으로 묶다.
  说汉语。 중국어로 말하다.

❺ 수량
  来了一个人。 한 사람이 왔다.
  找到了一份文件。 문서 하나를 찾았다.

쓰기 유형 ❶ 주어진 단어를 사용하여 하나의 문장을 만드세요.

① 他们　服装　行业　从事

　➡ _____ 。

② 密码　请　您的　输入

　➡ _____ 。

③ 你的　缺乏　说服力　理由

　➡ _____ 。

　　　주어　술어　　목적어
❶ 他们 + 从事 + 服装行业。
　그들은 의류업에 종사한다.
　→ "从事"을 술어로 "行业"는 목적어로 하고, 인칭대명사 "他们"을 문장 맨 앞 주어자리에 놓아 문장을 완성해요.

　　술어　　목적어
❷ 请输入 + 您的密码。
　당신의 비밀번호를 입력하세요.
　→ 동사 "输入"를 술어로 사용하고, "请"은 술어 "输入" 앞에 놓아요. "너의 비밀번호"가 되도록 "您的"와 "密码"를 결합해 목적어 자리에 두면 문장이 완성돼요.

　　주어　　술어　목적어
❸ 你的理由 + 缺乏 + 说服力。
　당신의 이유는 설득력이 없다.
　→ "缺乏"를 술어로 사용하고, 문장의 의미를 생각하여, "你的理由"를 주어자리에 "说服力"를 목적어 자리에 놓아 문장을 완성해요.

제시어 쓰기 공략

쓰기 유형 ❷ 주어진 단어를 사용하여 80자 내외의 문장을 만드세요.

美国　未来　阻止　自然　自由

🔵 탐색하기

美国 Měiguó 　명 미국
미국에 가다 去美国, 미국에 놀러 가다 去美国玩儿,
미국에 여행가다 去美国旅游, 미국에 유학 가다 去美国留学

未来 wèilái 　명 미래

阻止 zǔzhǐ 　동 막다, 저지하다
내가 들어가는 것을 막다 阻止我进去, 내가 지나가는 것을 막다 阻止我过去

自然 zìrán 　형 자연스럽다　명 자연
그의 행동은 매우 자연스럽다 他的行动很自然, 자연스럽게 말을 하다 很自然地说话

自由 zìyóu 　형 자유롭다　명 자유
나의 생활은 매우 자유롭다 我的生活很自由, 자유롭게 돌아다니다 自由地逛街

🔵 스토리짜기

　　나는 고등학교를 졸업할 때, 미국에 가서 공부를 하고 싶었다. 첫 번째는 자연스럽게 외국어를 배울 수 있기 때문이고, 두 번째는 자유롭게 생활하고 싶었기 때문이다. 부모님께서는 걱정하셨기 때문에, 나를 말리셨다. 그들은 나에게 대학 졸업 후에 가라고 하셨고, 나는 부모님의 생각을 받아들였다. 나는 스스로 아름다운 미래가 있을 거라고 믿는다.

🔵 문장쓰기

모범 답안

　　我高中毕业的时候，很想去美国学习。一来可以自然地学习外语；二来想过自由自在的生活。因为父母很担心，所以阻止了我。他们让我大学毕业以后再去，我接受了他们的建议。我相信自己会有一个美好的未来。

중요 어휘

- 过…的生活　　guò…de shēnghuó ~한 생활을 하다
- 因为…所以…　yīnwèi…suǒyǐ… ~때문에 ~하다
- 接受…的建议　jiēshòu…de jiànyì ~의 건의를 받아들이다

 주어진 사진을 보고 80자 내외의 문장을 만드세요.

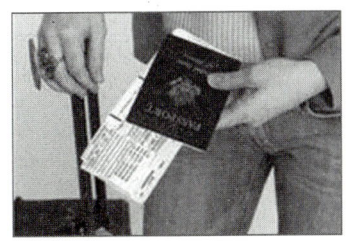

연상하기

여권과 가방을 가지고 출국하는 장면 ⋯▶ 요즘 늘어가는 외국 유학 추세 ⋯▶ 외국 유학의 장점 및 단점 ⋯▶ 개인의 견해로 정리

스토리짜기

　최근 몇 년간, 외국으로 유학 가는 사람들이 점점 많아진다. 외국으로 유학을 가면 어떤 장점이 있을까? 첫 번째로 시야를 넓힐수 있고, 식견을 늘릴 수 있다. 두 번째로 현지의 언어를 배우고, 현지의 문화를 알 수 있다. 설령 외국 유학은 많은 이점이 있더라도, 우리는 잘 생각해보고 결정해야 한다.

문장쓰기

모범 답안

　　近几年，出国留学的人逐年增多。出国留学有哪些好处呢？一来可以开阔眼界，增长见识；二来，可以学习当地的语言，了解当地的文化。即使出国留学有很多好处，但是我们也要想清楚以后再决定。

중요 어휘

- 开阔眼界　　kāikuò yǎnjiè 시야를 넓히다
- 增长见识　　zēngzhǎng jiànshi 식견을 늘리다
- 即使…也…　　jíshǐ…yě…
　　　　　　설령 ~하더라도

第 15 课

节日 명절

어휘공략

☐ 5월 1일 노동절	五一劳动节	wǔ yī Láodòngjié
☐ 10월 1일 국경일	十一国庆节	shí yī Guóqìngjié
☐ 일주일간 쉬다	放一个星期假	fàng yí gè xīngqī jià
☐ 설을 쇠다, 새해를 맞다	过年	guònián
☐ 세뱃돈을 받다	得到压岁钱	dédào yāsuìqián
☐ 만두를 먹다	吃饺子	chī jiǎozi
☐ 폭죽을 터뜨리다	放鞭炮 放爆竹	fàng biānpào fàng bàozhú
☐ 양력 설을 쇠다	过元旦	guò Yuándàn
☐ 음력 설을 쇠다	过春节	guò Chūnjié
☐ 즐겁게 보내다	过得很愉快	guò de hěn yúkuài
☐ 온 가족이 한 자리에 모이다	全家人团聚在一起	quánjiārén tuánjù zài yìqǐ
☐ 함께 모여서 밥을 먹다	吃团圆饭	chī tuányuánfàn

☐ 상점이 문을 닫다	商店关门	shāngdiàn guānmén
☐ 전통 놀이를 하다	玩儿传统游戏	wánr chuántǒng yóuxì
☐ 중추절에 달 구경을 가다	中秋节去赏月	Zhōngqiūjié qù shǎngyuè
☐ 월병을 먹다	吃月饼	chī Yuèbǐng
☐ 단오절	端午节	Duānwǔjié
☐ 쫑즈를 먹다	吃粽子	chī Zòngzi
☐ 친척을 방문하다	拜访亲戚	bàifǎng qīnqī
☐ 친한 친구	亲朋好友	qīnpénghǎoyǒu
☐ 모든 일이 잘되길 빕니다	万事如意 事事如意	wànshìrúyì shìshìrúyì
☐ 돈 많이 버세요	恭喜发财	gōngxǐfācái
☐ 차례를 지내다	祭祀	jìsì
☐ 축복하다, 빌다	祝福 祝原	zhùfú zhùyuàn
☐ 세배하다	拜年	bàinián

명사도 술어가 될 수 있다!

기본적으로 중국어 문장에서 술어의 역할을 하는 단어는 동사와 형용사예요. 동사가 술어인 문장을 동사 술어문이라고 하고, 형용사가 술어인 문장을 형용사 술어문이라고 해요. 하지만 중국어에서 술어의 종류는 다양해서 주술구가 술어인 문장도 있고, 명사가 술어인 문장도 있어요. 주어가 술어인 문장은 주술술어문이라고 하고, 명사가 술어인 문장은 명사술어문이라고 해요.

술어의 종류

❶ 동사 술어문

客人来了。 손님이 왔다.
我吃了饭。 나는 밥을 먹었다.
纪念卡寄去了。 기념카드는 보냈다.

❷ 형용사 술어문

我们都很努力。 우리는 모두 매우 노력한다.
她很好看。 그녀는 예쁘다.
韩国人很勤劳。 한국인은 부지런하다.

❸ 명사 술어문

我18岁。 나는 18살이다.
他一米七八。 그는 키가 178cm이다.
今天星期五。 오늘은 금요일이다.

❹ 주술 술어문

我个子很高。 나는 키가 크다.
他汉语很流利。 그녀는 중국어가 유창하다.
这个东西价格便宜。 이 물건은 가격이 싸다.

| 쓰기 유형 ❶ | 주어진 단어를 사용하여 하나의 문장을 만드세요. |

① 取材   这个电视剧   于   一个神话

➡ _____。

② 是   世界   长城   七大奇迹   之一

➡ _____。

③ 主要   中老年   这种产品   针对   消费者

➡ _____。

　　　　　주어　　　술어　　　전치사보어
❶ 这个电视剧 + 取材 + 于一个神话。
　　이 드라마는 하나의 신화에서 소재를 얻었다.
　→ "于"는 술어 뒤에 쓰이는 전치사로 술어동사 "取材" 뒤에 놓아요. "取材于"는 숙어처럼 "~에서 소재를 취하다"라는 뜻이에요. 의미에 맞게 목적어 "一个神话"를 문장 맨 뒤에 넣어 문장을 완성해요.

　　주어　술어　　　　목적어
❷ 长城 + 是 + 世界七大奇迹之一。
　　만리장성은 세계 7대 기적 중의 하나이다.
　→ 동사 "是"을 문장의 술어로 하여 "A는 B이다(A是B)"라는 구조로 문장을 완성해요.

　　　주어　　부사어　술어　　목적어
❸ 这种产品 + 主要 + 针对 + 中老年消费者。
　　이런 종류의 상품은 주로 중·노년층 소비자를 겨냥한다.
　→ "针对"가 "겨누다", "겨냥하다"라는 뜻의 동사라는 것을 알아야 문장을 쉽게 완성할 수 있어요. "겨누다"에 어울리는 목적어인 "중·노년층 소비자"는 술어 뒤에 놓고, 부사인 "主要"는 술어 앞에 놓아 문장을 완성해요.

 주어진 단어를 사용하여 80자 내외의 문장을 만드세요.

春节 担心 正好 破坏 虚心

탐색하기

春节 Chūnjié [명] 음력 설
음력 설을 보내다 过春节, 음력 설을 즐겁게 보내다 春节过得很愉快

担心 dānxīn [동] 걱정하다
가족이 다 못 모일까 봐 걱정되다 我很担心家人不能团圆

正好 zhènghǎo [동] 딱 좋다 [부] 때마침
때마침 전화가 왔다 正好电话来了, 때마침 할아버지께서 오셨다 正好爷爷来了

破坏 pòhuài [동] 망치다, 훼손하다
기분을 망치다 破坏心情, 분위기를 망치다 破坏气氛

虚心 xūxīn [형] 겸손하다
그는 평소 매우 겸손하다 他平时很虚心,
그는 매우 겸손하게 사람들을 대한다 他很虚心地对待别人

스토리짜기

곧 설날이다. 나는 혼자서 한국에서 생활하기 때문에 한국 친구가 나를 그의 집에서 설을 쇠도록 초대했다. 나는 한국의 예절을 잘 몰라서, 실수를 하여 설 분위기를 망칠까 봐 걱정이 되었다. 내일은 마침 한국어 수업이 있는 날이라, 나는 한국어 선생님께 겸손하게 가르침을 청하기로 결정했다.

문장쓰기

모범 답안

春节快到了，因为我一个人在韩国生活，所以韩国朋友邀请我去他家过春节。我不太了解韩国的礼仪，很担心出现失误，破坏了春节的气氛。明天正好有韩国语课，我决定向韩国语老师虚心地请教请教。

중요 어휘

- 破坏…   pòhuài… 망치다, 훼손하다
- 正好…   zhènghǎo… 때마침 ~하다
- 向…请教   xiàng…qǐngjiào ~에게 가르침을 청하다

 주어진 사진을 보고 80자 내외의 문장을 만드세요.

연상하기

여행을 떠나려는 부부의 모습 ⋯▶ 여행의 이점 서술 ⋯▶ 여행에 대한 개인의 견해 서술 ⋯▶ 특정 시점에 여행한 경험 및 감상 서술

스토리짜기

10월 1일은 중국의 국경일이다. 일주일 동안 휴가이기 때문에. 그래서 많은 사람들이 여행을 가는 것을 선택한다. 평소에 일이 바쁘기 때문에, 긴장을 풀 기회를 가지는 것은 어렵다. 비록 지금은 여행의 성수기라서 비용이 비교적 많이 들지만, 많은 사람들은 가족과 함께 여행가는 것은 역시 가치가 있다고 생각한다.

문장쓰기

모범 답안

　　十月一号是中国的国庆节，因为放一个星期的假，所以很多人选择去旅游。由于平时工作太忙，难得有放松的机会。虽然这个时候是旅游旺季，费用比较高，但是很多人觉得能跟家人一起旅游，还是很值得的。

중요 어휘

- 放+기간+假　　fàng+기간+jià
　　~동안 휴가다, ~동안 방학이다
- 难得…　　nánde… 어렵게 ~하다, 드물게 ~하다
- …是很值得的　　…shì hěn zhíde de
　　~은 매우 가치가 있는 것이다

节日 명절 | 99

第 16 课

家庭 가정

☐ 약혼을 하다	订婚	dìnghūn
☐ 아이를 낳다	生孩子	shēng háizi
☐ 임신을 하다	怀孕	huáiyùn
☐ 아이가 생기다	有孩子了	yǒu háizi le
☐ 엄마가 되다	当妈妈	dāng māma
☐ 아빠가 되다	当爸爸	dāng bàba
☐ 자손이 넘치다	子孙满堂	zǐsūn mǎntáng
☐ 일찍 자식을 낳다	早生贵子	zǎo shēng guìzǐ
☐ 가정이 화목하다	家庭和睦	jiātíng hémù
☐ 가정이 따뜻하다	家庭温馨	jiātíng wēnxīn
☐ 가정을 꾸리다	组建家庭	zǔjiàn jiātíng
☐ 한 자리에 모이다	团聚在一起	tuánjù zài yìqǐ
☐ 온 가족이 함께 밥을 먹다	全家人一起吃饭	quánjiārén yìqǐ chīfàn

	아이를 기르다	抚养孩子	fǔyǎng háizi
	아이를 돌보다	照顾孩子	zhàogù háizi
	습관을 기르다	养成习惯	yǎngchéng xíguàn
	성격을 형성하다	形成性格	xíngchéng xìnggé
	중국의 산아 제한 정책 (한 가정 한 자녀 낳기 운동)	计划生育	jìhuà shēngyù
	아빠는 나에게 잘 대해주신다	爸爸对我很好	bàba duì wǒ hěn hǎo
	아빠는 자상하다	爸爸很慈祥	bàba hěn cíxiáng
	엄마는 온화하다	妈妈很温柔	māma hěn wēnróu
	부모님은 공평하게 우리를 대해주신다	父母平等地对待我们	fùmǔ píngděng de duìdài wǒmen
	아이가 말을 듣지 않다	孩子不听话	háizi bù tīnghuà
	아이가 고집이 있다	孩子固执	háizi gùzhí
	아이가 버릇이 없다	孩子被宠坏了	háizi bèi chǒnghuài le
	옷이 오면 손을 내밀고, 밥이 오면 입을 벌린다 (혼자서 아무것도 할 줄 모르는 중국의 아이를 형용하는 말)	衣来伸手，饭来张口	yīlái shēnshǒu, fànlái zhāngkǒu
	소황제 (중국의 한 가정 한 자녀 정책으로 온 가족이 떠받들어 키운 아이)	小皇帝	xiǎohuángdì

어법공략

쨈(강조하려는 내용)은 "是…的" 빵 사이에!

"我是去年来中国的."는 "나는 작년에 중국에 왔다."라는 뜻으로 동사가 두 개 들어간 문장이지만, 연동문은 아니에요. 이 문장은 "我去年来中国."라는 문장의 시간사인 "去年"을 강조하기 위해 "去年" 앞에 "是"를 놓고 문장 맨 뒤에 "的"를 놓은 문장 형식으로, "是…的" 강조 구문이라고 해요.

"是…的" 강조 구문은 강조하고자 하는 내용에 따라 두 가지로 나눌 수 있어요. 시간, 장소, 방식, 조건, 목적, 대상, 도구를 강조하는 문장을 "是…的"(1)이라고 하고, 사실에 대한 견해나 태도를 강조하는 문장을 "是…的"(2)라고 해요. 이 두 구조는 몇 가지 다른 점이 있는데, "是…的"(1)은 "不是…的"의 부정형식을 사용하고, "的"는 기본적으로 목적어 앞과 문장 맨 뒤에 자유롭게 올 수 있어요. 하지만 목적어가 인칭대명사이거나 장소 목적어이면서 뒤에 방향보어가 올 경우에는 반드시 문장 맨 뒤에 와야 해요. "是"는 생략할 수 있어요. "是…的"(2)는 "是…的" 내부를 부정하는 형식으로 부정문을 만들고, "的"는 반드시 문장 맨 뒤에 와야 해요. "的"는 생략할 수 있어요.

"是…的" 어법 규칙

❶ "是…的"(1)

我不是从意大利来的。 나는 이탈리아에서 온 것이 아니다. ("是…的"(1) 부정형)
他是给你写信的。 그가 너에게 편지를 써준 것이다. (일반 목적어)
他是给你写的信。 (일반 목적어)
妈妈是昨天告诉我的。 엄마가 어제 나에게 알려준 것이다. (인칭대명사 목적어+的:(○))
妈妈是昨天告诉的我。 (的+인칭대명사 목적어:(✗))
他(是)坐飞机来的。 그는 비행기를 타고 왔다. ("是" 생략 가능)

❷ "是…的"(2)

我是不同意你的意见的。 나는 너의 의견에 동의하지 않는다. ("是…的"(2) 부정형)
我是绝对不会原谅他的。 나는 절대로 그를 용서할 수 없다. (목적어+的:(○))
我是绝对不会原谅的他。 (的+목적어:(✗))
这个问题是我们早就认识到(的)。 이 문제는 우리가 일찍이 인식하고 있었던 것이다.
("的" 생략 가능)

쓰기유형 ❶ 주어진 단어를 사용하여 하나의 문장을 만드세요.

① 是 借来的 这本书 从图书馆

➡ _____ 。

② 不会 的 今天 是 下雨

➡ _____ 。

③ 不能 是 接受的 我 意见 你的

➡ _____ 。

　　　주어　　　　술어
❶ 这本书 + 是从图书馆借来的。
　　이 책은 도서관에서 빌려온 것이다.
　→ 배열되어 있는 단어 중에 "是…的"가 있으므로 "是…的" 용법에 맞게 문장을 구성해요. 책의 출처를 강조하고자 하는 문장으로 만들기 위해 "从图书馆"을 "是" 뒤에 놓고, "~로 부터 빌리다"라는 문장을 만들기 위해 "从~借来"라는 구문을 생각하며 "借来的"를 "从图书馆" 뒤에 놓아요. "这本书"를 주어자리에 놓으면 문장이 완성돼요.

　주어　　술어
❷ 今天 + 是不会下雨的。
　　오늘 비가 오지 않을 것이다.
　→ 배열되어 있는 단어 중에 "是…的"가 있으므로 "是…的" 용법에 맞게 문장을 구성해요. 비가 오지 않을 것이라는 사실을 강조하기 위해 "不会下雨"라는 "부정부사+조동사+술목구술어" 구조의 문장을 "是…的" 사이에 넣어요. 남은 시간사 "今天"은 술어 앞에 놓아요.

　　　주어　　　　술어
❸ 你的意见我 + 是不能接受的。
　　당신의 의견을 나는 받아드릴 수 없다.
　→ 배열되어 있는 단어 중에 "是…的"가 있으므로 "是…的" 용법에 맞게 문장을 구성해요. "不能"이 조동사이므로 조동사 뒤에 동사를 놓아 문장을 완성해요.

 주어진 단어를 사용하여 80자 내외의 문장을 만드세요.

孩子 礼貌 粗心 批评 处理

탐색하기

孩子 háizi 　명 아이

礼貌 lǐmào 　명 예의, 예절　형 예의 바르다
매우 예의 바르다 很有礼貌, 예의가 없다 没有礼貌

粗心 cūxīn 　형 덜렁대다
매우 덜렁대다 很粗心

批评 pīpíng 　동 야단치다
선생님께서 나를 야단치셨다 老师批评我了.
나는 선생님께 야단을 맞았다 我被老师批评了/我受到了老师的批评

处理 chǔlǐ 　동 처리하다
일을 처리하다 处理事情, 문제를 처리하다 处理问题

스토리짜기

남동생은 초등학생인데, 일을 하는데 있어 항상 덜렁댄다. 그래서 자주 선생님한테 야단을 맞는다. 어제도 또 똑같은 일이 생겼다. 남동생은 뜻밖에 선생님께 말 대꾸를 했고, 선생님을 화나게 만들었다. 선생님은 요즘 아이들은 정말 예의가 없다며, 부모님을 학교에 모셔오게 한 뒤, 다시 이 일을 처리했다.

문장쓰기

모범 답안

　　弟弟是个小学生，做事情老是很粗心，因此经常被老师批评。昨天又发生了同样的事情。没想到弟弟居然顶撞了老师，弄得老师很生气。他说现在的孩子太没有礼貌了，让家长来学校以后再处理这件事情。

중요 어휘

- 居然… 　jūrán… 뜻밖에 ~하다
- 弄得… 　nòngde… ~한 상태로 만들다
- 被…批评 　bèi…pīpíng ~에게 야단을 맞다

 주어진 사진을 보고 80자 내외의 문장을 만드세요.

🔵 연상하기

가족이 피크닉을 즐기는 장면 ···▶ 현대인들은 바빠서 가족과 함께 시간을 가질 여유가 없음 ···▶ 가족과 함께하는 시간을 많이 가져야 함 ···▶ 가족과 주말에 피크닉을 갔다는 경험과 느낌 서술

🔵 스토리짜기

현대인들은 일이 정말 바빠서, 가족간의 소통이 점점 줄어든다. 그래서 많은 사람들이 주말에 가족과 함께 피크닉 가는 것을 선택한다. 아이들과의 관계를 증진할 수 있을 뿐만 아니라 또한 자연을 만끽할 수 있다. 만약에 당신이 행복하고 원만한 가정을 생각한다면, 반드시 많은 시간을 내 가족과 함께 해야 한다.

🔵 문장쓰기

모범 답안

现代人的工作太忙，家人之间的沟通逐渐减少。因此很多人选择周末跟家人一起出去野餐。除了能增进和孩子之间的关系以外，还可以接触大自然。如果你想有一个幸福美满的家庭，一定要多抽时间陪陪家人。

중요 어휘

- 除了…以外, 还…　chúle…yǐwài, hái…
　　　　　　　　～을 제외하고, 또 ～하다
- 如果…　rúguǒ… 만약에 ～라면
- 一定要…　yídìng yào… 반드시 ～해야 한다

第17课

爱好 취미

□ 여가 시간	业余时间	yèyú shíjiān
□ 시간을 내다	抽出时间	chōuchū shíjiān
□ 시간을 낼 수 없다	抽不出时间	chōu bù chū shíjiān
□ 시간을 이용하다	利用时间	lìyòng shíjiān
□ 주말을 틈타서	趁着周末	chènzhe zhōumò
□ 출근하지 않는 틈을 타서	趁着不上班	chènzhe bú shàngbān
□ 영화를 보다	看电影	kàn diànyǐng
□ 소설을 보다	看小说	kàn xiǎoshuō
□ 나는 줄거리에 감동을 받았다	我被情节感动了	wǒ bèi qíngjié gǎndòng le
□ 헬스클럽에 가서 운동을 하다	去健身房锻炼身体	qù jiànshēnfáng duànliàn shēntǐ
□ 요가를 하다	练瑜伽	liàn yújiā
□ 피아노를 치다	弹钢琴	tán gāngqín

☐ 악기를 연주하다	弹奏乐器 演奏乐器	tánzòu yuèqì yǎnzòu yuèqì
☐ 컴퓨터 게임을 하다	玩儿电脑游戏	wánr diànnǎo yóuxì
☐ 웹서핑을 하다	浏览网站	liúlǎn wǎngzhàn
☐ 메일을 확인하다	查看邮件	chá kàn yóujiàn
☐ 인터넷에서 채팅하다	在网上聊天	zài wǎng shàng liáotiān
☐ 인터넷에서 신문을 보다	在网上看报	zài wǎng shàng kànbào
☐ 등산가다	去爬山	qù páshān
☐ 서점에 가서 책을 보다	去书店看书	qù shūdiàn kàn shū
☐ 낚시가다	去钓鱼	qù diàoyú
☐ 자전거를 타다	骑自行车	qí zìxíngchē
☐ 친구를 찾아 수다를 떨다	找朋友聊天	zhǎo péngyou liáotiān
☐ 가라오케에 가서 노래를 하다	去卡拉OK唱歌	qù kǎlā OK chànggē
☐ 재테크에 흥미를 갖다	对理财很感兴趣	duì lǐcái hěn gǎn xìngqù
☐ 쇼핑을 하다	逛商店	guàng shāngdiàn
☐ 거리를 돌아다니다	逛街	guàngjiē
☐ 물건을 사다, 쇼핑하다	买东西 购物	mǎi dōngxi gòuwù
☐ 맛있는 음식을 먹다	吃美食	chī měishí

까다로운 너 "了"!

　동사 뒤에 붙은 "了"를 동태조사, 문장의 맨 뒤에 놓인 "了"를 어기조사라고 해요. 동태조사 "了"와 어기조사 "了"의 차이는 어디에 있을까요? 동태조사 뒤에 붙은 "了"는 동작의 완료를 나타내고, 문장 맨 뒤에 놓인 "了"는 동작의 발생 및 변화를 나타내요. 중국어에는 시제를 나타내는 명확한 표지가 없어요. 다만 시간 명사는 절대적인 시제를 나타내고, 시간 부사와 동태조사는 상대적인 시제로 문장의 시제를 보완해주는 역할을 해요.

　다음 두 문장을 보세요. "我去中国了。"와 "我去了中国。" 중에서 어떤 문장이 맞는 문장일까요? 첫 번째 문장은 "나는 중국에 갔다."라는 뜻으로 동작의 발생 및 변화를 나타내는 문장이에요. 하지만 두 번째 문장은 저 문장만으로 완전한 문장이 될 수 없어요. 두 번째 문장은 "나는 중국에 갔고,"라는 뜻으로 동작의 완료를 나타내고 있지만, 그 뒤에 "또 미국에 갔다." 혹은 "곧 돌아온다."와 같은 문장들이 그 뒤에 이어 나와야 완전한 문장이 될 수 있어요. 다시 말하면, 중국어에서 동작의 완료를 나타내는 동태조사 "了"를 사용해서 문장을 구성할 때는 몇 가지 조건이 필요해요.

🔵 동태조사 "了"의 어법 규칙

❶ 동사 앞 부사어
　我在家吃了晚饭。 나는 집에서 저녁 밥을 먹었다.
　昨天我跟老李一块儿吃了饭。 어제 나는 라오리와 함께 밥을 먹었다.

❷ 목적어 앞 수량사 또는 긴 관형어
　我买了老师说的参考书。 나는 선생님이 말한 참고서를 샀다.
　我吃了三个面包。 나는 빵 3개를 먹었다.

❸ 뒤에 또 다른 문장
　我去了中国，就去美国了。 나는 중국에 갔다가 바로 미국에 간다.
　我吃了晚饭，再读书。 나는 저녁을 먹고 다시 공부할거다.

쓰기 유형 ❶ 주어진 단어를 사용하여 하나의 문장을 만드세요.

① 找你　课　明天我　下了　就去

　➡ _____。

② 自己的　他　考卷　认真地　检查了

　➡ _____。

③ 打动了　观众　表演　他的　深深地

　➡ _____。

---

❶ 明天 + 我 + 下了课 + 就去找你。
（시간사）（주어）（술목1）（술목2）

　내일 내가 수업이 끝나고 너를 찾아갈게.
　→ "了A 就B"는 동작의 선후관계를 밝혀주는 표현이에요. "A를 끝내고 B를 하다"는 뜻이므로 동작의 선후관계에 맞게 "수업이 끝나고 너를 찾아갈게."라는 문장을 만들어요. 동작의 발생순서에 따라 "下了课"뒤에 "就去"를 놓고 그 뒤에 다시 "找你"를 놓아요. 시간사와 주어의 조합인 "明天我"를 문장 맨 앞에 놓아 문장을 완성해요.

❷ 他 + 认真地 + 检查了 + 自己的考卷。
（주어）（부사어）（술어）（목적어）

　그는 성실하게 자신의 시험지를 검토했다.
　→ "检查了"는 문장의 술어예요. 어울리는 목적어 "考卷"을 술어 뒤에 놓고, 부사어 "认真地"는 주어 "他" 뒤, 술어 "检查了" 앞에 놓아 문장을 완성해요.

❸ 他的表演 + 深深地 + 打动了 + 观众。
（주어）（부사어）（술어）（목적어）

　그의 공연은 관중들을 깊이 감동시켰다.
　→ "打动了"는 문장의 술어예요. "观众"을 목적어로, 부사어를 만들어주는 구조조사 "地"가 있는 "深深地"를 부사어로, "他的表演"을 주어로 사용해 문장을 완성해요.

쓰기 유형 ❷ 주어진 단어를 사용하여 80자 내외의 문장을 만드세요.

空闲 欣赏 公园 快乐 干脆

🔵 탐색하기

空闲 kòngxián [형] 한가하다, 여유롭다
여유시간 空闲时间

欣赏 xīnshǎng [동] 감상하다, 좋아하다, 맘에 들다
아름다운 풍경을 감상하다 欣赏美丽的风景,
아름다운 클래식 음악을 감상하다 欣赏优美的古典音乐

公园 gōngyuán [명] 공원
공원에 놀러 가다 去公园玩儿, 공원에 산책가다 去公园散步

快乐 kuàilè [형] 즐겁다, 유쾌하다
주말을 아주 즐겁게 보냈다 周末过得很快乐

干脆 gāncuì [부] 차라리, 깨끗이
깨끗이 약속을 취소했다 干脆取消了约会, 깨끗이 안 가기로 결정했다 干脆决定不去了

🔵 스토리짜기

남자 친구는 평소 한가한 시간이 없다. 그래서 우리는 주말을 이용해서 공원으로 피크닉을 갈 계획이다. 풍경을 감상할 수 있을 뿐만 아니라, 긴장도 풀 수 있다. 생각지도 않게 주말에 날씨가 흐려서, 우리는 깨끗이 계획을 취소했고 영화관에 가서 영화를 보았다. 비록 공원에는 가지 못했지만, 우리는 역시 아주 즐거웠다.

🔵 문장쓰기

모범 답안

　　男朋友平时没有空闲的时间，因此我们打算趁着周末去公园野餐。不仅可以欣赏风景，而且可以放松放松。没想到周末是阴天，我们干脆取消了计划，去电影院看电影了。虽然没能去公园，但是我还是很快乐。

중요 어휘

- 因此…　　yīncǐ… 그래서
- 趁着…　　chènzhe… ~한 틈을 타서, ~를 이용해서
- 虽然…, 但是…还是…
  suīrán…, dànshì…háishi… 비록 ~지만, 역시 ~하다

쓰기 유형 ❸ 주어진 사진을 보고 80자 내외의 문장을 만드세요.

🔵 **연상하기**

영화관에서 영화를 보고 있는 장면 ➡ 사람들이 영화관에서 영화를 보는 이유 ➡ 영화관에서 영화를 보면 좋은 점 서술 ➡ 개인적으로 영화관을 가서 영화를 본 경험 및 느낌 서술

🔵 **스토리짜기**

생활 리듬이 빨라지고, 일에 대한 스트레스도 커지면서, 점점 많은 사람들이 자신의 여가 생활을 중시한다. 예를 들면 시간을 내어 영화관에 가서 영화를 본다. 첫 번째로, 기분을 편안하게 할 수 있고, 시간을 보낼 수 있다. 두 번째로 더 많은 사실을 알 수 있다. 세 번째로 시대의 흐름을 따라 갈 수 있고, 친구와 대화하는 화제거리를 늘릴 수 있다.

🔵 **문장쓰기**

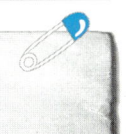

모범 답안

　　随着生活节奏加快，工作压力增大，越来越多的人重视自己的业余生活。例如抽时间去电影院看看电影。一来，可以舒缓情绪，消磨时间；二来，能了解更多的事情；三来，可以跟上时代的潮流，增加跟朋友聊天的话题。

중요 어휘

- 随着…　　suízhe…　~함에 따라
- 越来越…　yuèláiyuè…　점점 더 ~하다
- 例如…　　lìrú…　예를 들면

爱好 취미 | 111

第 18 课

结婚 결혼

연애를 하다	谈恋爱	tán liàn'ài
그와 사귄 지 일 년이 되었다	跟他交往一年了	gēn tā jiāowǎng yì nián le
헤어지다	吹 分手	chuī fēnshǒu
성격이 맞지 않다	性格不和	xìnggé bù hé
의견이 맞지 않다	意见不和	yìjiàn bù hé
높은 것은 얻을 수 없고, 낮은 것은 눈에 차지 않는다	高不成，低不就	gāobùchéng, dībújiù
자주 말다툼을 한다	经常吵架	jīngcháng chǎojià
싸우다 논쟁하다	争吵	zhēngchǎo
잘 맞다	合得来	hé de lái
잘 맞지 않다	合不来	hé bù lái
말이 잘 통한다	谈得来	tán de lái
말이 잘 안 통한다	谈不来	tán bù lái

☐	맞선을 보다	相亲	xiāngqīn
☐	첫 눈에 반하다	一见钟情	yíjiànzhōngqíng
☐	나는 그에게 첫 눈에 반했다	我对他一见钟情	wǒ duì tā yíjiànzhōngqíng
☐	날이 갈수록 정이 들다	日久生情	rìjiǔshēngqíng
☐	부부가 되다	成为夫妻	chéngwéi fūqī
☐	남편과 아내	丈夫与妻子 老公与老婆	zhàngfu yǔ qīzi lǎogōng yǔ lǎopo
☐	좋은 날을 택하다	选好日子	xuǎn hǎo rìzi
☐	결혼을 하다	办喜事	bàn xǐshì
☐	결혼식을 거행하다	举行婚礼	jǔxíng hūnlǐ
☐	결혼식을 하다	办婚礼	bàn hūnlǐ
☐	그와 결혼하다	跟他结婚	gēn tā jiéhūn
☐	결혼 축하 사탕을 먹다 국수를 먹다	吃喜糖	chī xǐtáng
☐	결혼 축하주를 먹다	喝喜酒	hē xǐjiǔ
☐	이혼율이 높다	离婚率高	líhūnlǜ gāo
☐	독신 솔로	单身贵族	dānshēn guìzú
☐	노총각으로 살다	打光棍儿	dǎguānggùnr
☐	인륜지대사	终身大事	zhōngshēndàshì
☐	이상적인 배우자	理想的对象	lǐxiǎng de duìxiàng

18

结婚 결혼

"着"는 동작 및 상태 지속 묘사의 달인!

"他吃着饭。"과 "他在吃饭。"은 모두 한국어로 "그는 밥을 먹고 있다."라고 해석할 수 있지만, "着"와 "在"라는 다른 글자를 사용하고 있으므로, 각각의 문장이 갖고 있는 의미는 분명히 달라요. "着"는 동사 뒤에서 동작이나 상태의 지속을 나타내는 동태조사이고, "在"는 동사 앞에서 동작의 진행을 나타내는 시간 부사예요. 그래서 앞 문장은 먹고 있는 동작이나 상태를 지속하고 있는 상황을 묘사할 때 사용하고, 뒤 문장은 현재 "먹고 있다"는 동작의 진행을 강조할 때 사용해요.

"他穿着大衣。"와 "他在穿大衣。"는 모두 한국어로 "그는 외투를 입고 있다."라고 해석되요. 앞에서 말한 "着"와 "在"의 특징을 반영해서 의미를 파악해 보면, "他在穿大衣。"는 입고 있는 동작의 진행을 강조하는 문장이에요. 하지만 "穿"은 한 번에 동작 행위가 끝나는 일회성 동사이기 때문에 "그가 외투를 계속 입고 있다."라는 동작의 지속을 나타내는 문장이 아니고, "그가 입고 있는 옷은 외투이다."라는 외투를 입고 있는 상태의 지속을 나타내는 문장이에요.

결론적으로 말하면, 동작을 지속할 수 있는 동사들은 그 뒤에 "着"가 붙어 동작의 지속을 나타내는 묘사적 성격의 문장을 구성하고, 한 번으로 끝나는 일회성 동사는 그 뒤에 "着"가 붙어 한 번의 동작이 끝난 후 그 상태의 지속을 나타내는 묘사적 성격의 문장을 구성해요.

🔵 동태조사 "着"의 어법 규칙

❶ 지속성 동작 동사(吃, 看, 学, 听, 录音, 想, 擦, 等)+着 : 동작의 지속
请你看着我的眼睛。 나의 눈을 봐주세요.
我走在街上听着歌。 나는 길을 걸으며 노래를 듣고 있다.
我知道你还想着她。 나는 네가 아직도 그녀를 생각하고 있는 것을 안다.
大家正等着你呢！ 모두 지금 너를 기다리고 있어!

❷ 일회성 동작 동사(站, 拿, 坐, 挂, 盖)+着 : 상태의 지속
马为什么站着睡觉? 말은 왜 서서 잠을 잘까요?
老师手拿着一截白色的粉笔。 선생님 손에 흰색 분필 한 조각이 들려 있다.
站着不如坐着，坐着不如躺着。 서 있는 것은 앉아 있는 것만 못하고, 앉아 있는 것은 서 있는 것만 못하다.

쓰기 유형 ❶
주어진 단어를 사용하여 하나의 문장을 만드세요.

① 着　看书　常常　我　躺

➡ _____ 。

② 打算　公园　我　带着女儿　去逛

➡ _____ 。

③ 戒指　她的　带着　一枚漂亮的　中指上

➡ _____ 。

　　　주어　　부사　　술어1　　술어2
❶ 我 + 常常 + 躺着 + 看书。
　　나는 자주 누워서 책을 본다.
　→ "동사+着"의 형식을 통해 동작의 방식을 나타낼 수 있어요. 동작의 방식을 나타내는 동사 "躺"을 먼저 "着" 뒤에 놓고 구체적인 동작을 나타내는 술어를 그 뒤에 놓아요. 부사는 첫 번째 동사 앞에 놓아요.

　　주어　조동사　술어1　목적어　술어2
❷ 我 + 打算 + 带着 + 女儿 + 去逛公园。
　　나는 딸을 데리고 공원을 산책 갈 계획이다.
　→ "동사+着"의 형식을 통해 동작의 방식을 나타낼 수 있어요. 조동사 "打算" 뒤에 동작의 방식을 나타내는 동사구 "带着女儿"을 놓고 그 뒤에 구체적인 동작을 나타내는 술어 "去逛公园"을 놓아요. 주어 "我"는 문장 맨 앞에 놓아 완성해요.

　　　주어　　　술어　　　목적어
❸ 她的中指上 + 戴着 + 一枚漂亮的戒指。
　　그녀의 중지에는 예쁜 반지 하나가 끼워져 있다.
　→ "동사+着"의 형식을 통해 상태가 지속되는 상황을 묘사할 수 있어요. 장소인 "她的中指上"을 문장 맨 앞에 놓고, 술어 "戴着"를 그 뒤에 놓고, "수사+양사+명사"의 형식에 따라 목적어 "一枚漂亮的戒指"을 만들어 문장 맨 뒤에 놓아요.

쓰기 유형 ❷

주어진 단어를 사용하여 80자 내외의 문장을 만드세요.

婚礼   亲戚   佩服   盼望   理解

🔵 탐색하기

婚礼 hūnlǐ   [명] 결혼식
결혼식을 거행하다 举行婚礼, 결혼식에 참가하다 参加婚礼

亲戚 qīnqī   [명] 친척

佩服 pèifú   [형] 감탄하다, 탄복하다
그에게 정말 감탄했다 我真的佩服他, 그는 나를 감탄하게 했다 他令人很佩服

盼望 pànwàng   [동] 바라다
결혼식 날이 오기를 바라다 盼望结婚日子的到来,
친구들이 오기를 바라다 盼望朋友们的到来

理解 lǐjiě   [동] 이해하다
상대방의 마음을 이해하다 理解对方的心情, 이 모든 것을 이해하다 理解这一切

🔵 스토리짜기

오늘은 언니가 오랫동안 기다려왔던 결혼식이다. 많은 친척들이 오셨다. 언니는 결혼식에서 가장 예쁜 신부가 되기 위해서, 자주 시간을 내어 헬스클럽이나 미용샵에 갔다. 나는 언니의 이런 마음을 매우 잘 이해하지만, 언니가 잘 해낼 거라고는 생각하지 못했다. 언니의 이런 정신은 정말 나를 감탄하게끔 했다.

🔵 문장쓰기

모범 답안

今天是姐姐盼望已久的婚礼, 很多亲戚都来了。姐姐为了成为婚礼上最漂亮的新娘, 经常抽时间去健身房或者美容院。我非常理解她的这种心情, 不过没想到她能坚持下来, 她的这种精神真令我佩服。

중요 어휘

- 盼望已久   pànwàngyǐjiǔ 오랫동안 기다리다
- 成为…   chéngwéi… ~가 되다
- A或者B   A huòzhe B A 또는 B를 하다
- 令+사람+동사   lìng+사람+동사
  (사람)으로 하여금 (동사)하게 하다

 주어진 사진을 보고 80자 내외의 문장을 만드세요.

연상하기

결혼식을 하는 장면 ⋯▶ 결혼의 의미 서술 ⋯▶ 결혼의 준비과정 서술 ⋯▶ 결혼에 대한 개인의 감상으로 마무리

스토리짜기

결혼은 일생의 중대사이다. 완벽한 결혼을 위해서, 결혼전에 마땅히 무엇을 준비해야 할까? 우선, 결혼사진을 찍어야 한다. 그 다음으로 호텔과 연회 자리를 예약해야 한다. 다음으로 새 집 실내장식을 해야 한다. 마지막으로 어디로 신혼여행을 갈지 결정해야 한다. 비록 준비 과정은 힘들지만, 매우 행복하다.

문장쓰기

모범 답안

　　婚姻是一辈子的终身大事，为了有一个十全十美的婚礼，结婚以前应该准备什么呢？首先，拍婚纱照；其次，预定酒店、酒席；再次，装修新房子；最后，决定去哪儿度蜜月。虽然准备的过程很辛苦，但是很幸福。

중요 어휘

- 一辈子　　yíbèizi 한평생
- 终身大事　zhōngshēndàshì
  인륜지대사, 인생 중대사
- 十全十美　shíquánshíměi 완벽하다

第19课

体育 스포츠

□ 구기 종목 경기 보는 것을 좋아하다	喜欢看球赛	xǐhuan kàn qiúsài
□ 구기 종목 팬	球迷	qiúmí
□ 경기를 보다	观看比赛	guānkàn bǐsài
□ 신체를 단련하다	锻炼身体	duànliàn shēntǐ
□ 기분을 전환하다	缓解心情 散心	huǎnjiě xīnqíng sànxīn
□ 농구를 하다	打篮球	dǎ lánqiú
□ 테니스를 하다	打网球	dǎ wǎngqiú
□ 탁구를 하다	打乒乓球	dǎ pīngpāngqiú
□ 배드민턴을 하다	打羽毛球	dǎ yǔmáoqiú
□ 배구를 하다	打排球	dǎ páiqiú
□ 야구를 하다	打棒球	dǎ bàngqiú
□ 수영하다	游泳	yóuyǒng

☐ 축구를 하다	踢足球	tī zúqiú
☐ 스키를 타다	滑雪	huáxuě
☐ 스케이트를 타다	滑冰	huábīng
☐ 보드를 타다	滑雪板	huá xuěbǎn
☐ 경기가 훌륭하다	比赛非常精彩	bǐsài fēicháng jīngcǎi
☐ 결승에 진출하다	进入决赛	jìnrù juésài
☐ 한국팀과 일본팀의 경기가 있다	有韩国队和日本队的比赛	yǒu Hánguó duì hé Rìběn duì de bǐsài
☐ 한국팀이 이기다	韩国队赢了	Hánguó duì yíng le
☐ 중국팀은 한국팀에게 졌다	中国队输给韩国队	Zhōngguó duì shū gěi Hánguó duì
☐ 어제 축구 경기는 무승부였다	昨天的足球比赛踢平了	zuótiān de zúqiú bǐsài tīpíng le

전치사구가 동사 뒤에 올 수 있다?!

전치사구는 "전치사+명사"의 형태로 부사어의 역할을 하며 술어 앞에 온다고 알고 있나요? 하지만, 일부 전치사들은 동사나 형용사 뒤에 와서 전치사구 보어의 역할을 해요.

전치사구 보어를 이끄는 전치사로는 "在", "往", "给", "自", "到", "向", "于"등이 있으며, 이들은 동사 및 형용사 뒤에서 시간, 장소, 방향, 대상, 비교 등을 나타내는 전치사구 보어를 이끌어요. 전치사구 보어 문장에 동태조사 "了"가 있을 때, "了"는 전치사 뒤에 놓아야 한다는 사실을 잊지 마세요.

🔵 전치사구 보어의 어법 규칙

❶ 동태조사 "了"는 전치사 뒤

戒指放在了口袋里。 반지는 주머니안에 뒀다.
感谢书送到了市委书记手中。 감사편지가 중국공산당시위원회 서기의 수중으로 들어갔다.
最后我把自己交给了命运。 마지막으로 나는 자신을 운명에 맡겼다.

❷ 전치사구 보어의 기능

我住在韩国。 나는 한국에 산다.(장소)
我送给他一本书。 나는 그에게 책 한 권을 선물했다.(대상)
我的同屋来自中国哈尔滨。 내 룸메이트는 중국 하얼빈에서 왔다.(장소)
我学到晚上十点。 나는 저녁 열 시까지 공부했다.(시간)
这趟班机开往上海。 이번 비행기는 상하이로 간다.(방향)
吸烟有害(于)健康。 흡연은 건강에 해롭다.(대상)
他走向学校南边。 그는 학교 남쪽을 향해 갔다.(방향)
他呆在家里，什么也不干。 그는 집에 있으면, 아무것도 하지 않는다.(장소)

쓰기 유형 ❶ 주어진 단어를 사용하여 하나의 문장을 만드세요.

① 主人 尾巴 小狗 朝 摇了摇

➡ _____。

② 他 给 北京 留下了 深刻的印象

➡ _____。

③ 对 我 很 感兴趣 看电影

➡ _____。

---

❶ <u>小狗</u>(주어) + <u>朝主人</u>(전치사구) + <u>摇了摇</u>(술어) + <u>尾巴</u>(목적어)。
   강아지는 주인에게 꼬리를 좀 흔들었다.
   → 동사를 중첩한 "摇了摇"를 술어로 사용하고, 전치사 "朝" 뒤에 대상인 "主人"을 놓아 전치사구 부사어를 만들어 술어 앞에 놓아요. 마지막으로 목적어 "尾巴"를 문장 맨 뒤에 놓아 문장을 완성해요.

❷ <u>北京</u>(주어) + <u>给他</u>(전치사구) + <u>留下了</u>(술어) + <u>深刻的印象</u>(목적어)。
   북경은 그에게 깊은 인상을 남겼다.
   → "留下了"를 술어로 하고 의미적으로 어울리는 목적어 "深刻的印象"을 술어 뒤에 놓아요. 전치사 "给" 뒤에 대상인 "他"를 놓아 전치사구 부사어를 만들어 술어 앞에 놓아서 문장을 완성해요.

❸ <u>我</u>(주어) + <u>对看电影</u>(전치사구) + <u>很感</u>(술어) + <u>兴趣</u>(목적어)。
   나는 영화 보는 것에 흥미를 느낀다.
   → "对…感兴趣"는 자주 사용하는 고정 형식이에요. 흥미를 느끼는 대상인 "看电影"을 전치사 "对" 뒤에 놓고, 주어 "我"를 문장 맨 앞에 놓아 완성해요.

쓰기 유형 ❷

주어진 단어를 사용하여 80자 내외의 문장을 만드세요.

> 运动   缓解   精彩   刺激   优秀

🔵 탐색하기

运动 yùndòng   동 운동하다 명 운동
운동을 하다 运动/做运动

缓解 huǎnjiě   동 완화하다
스트레스를 완화하다 缓解压力, 피로를 완화하다 缓解疲劳

精彩 jīngcǎi   형 뛰어나다, 훌륭하다
경기가 뛰어나다 比赛精彩, 연설이 뛰어나다 演说精彩

刺激 cìjī   명 자극 동 자극하다 형 흥미롭다, 자극적이다
그 운동은 매우 자극적이다 那个运动很刺激,
그 놀이기구는 매우 자극적이다 那个娱乐项目很刺激

优秀 yōuxiù   동 우수하다
그는 성적이 우수하다 他成绩优秀, 그는 우수한 운동선수이다 他是个优秀的运动员,
그는 우수한 지도자이다 他是个优秀的领导

🔵 스토리짜기

많은 중국인들이 탁구를 좋아하는데, 나도 예외는 아니다. 나는 탁구 경기가 훌륭하고 흥미롭다고 생각한다. 게다가 경기를 보면 스트레스를 해소할 수 있다. 모든 탁구선수 중에서, 나는 유국량을 가장 좋아한다. 그는 중국의 가장 우수한 운동선수 중의 한 명인데, 그가 참가하는 경기면 나는 반드시 본다.

🔵 문장쓰기

모범 답안

很多中国人喜欢乒乓球，我也不例外。我觉得乒乓球比赛又精彩又刺激。而且看比赛还能缓解我的压力。在所有的乒乓球运动员中，我最喜欢刘国梁，他是中国最优秀的运动员之一，只要是他参加的比赛，我就一定看。

중요 어휘

- …也不例外   …yě bù lìwài ~도 예외는 아니다
- 又…又…   yòu…yòu… ~하기도 하고 ~하기도 하다
- 缓解压力   huǎnjiě yālì 스트레스를 해소하다

쓰기 유형 ❸ 주어진 사진을 보고 80자 내외의 문장을 만드세요.

🔵 연상하기

농구공 ➡ 농구 경기를 하면 이로운 점 서술 ➡ 개인적으로 농구를 하여 신체가 건강해진 경험 혹은 농구를 취미로 하면서 얻었던 이로운 점 등을 서술

🔵🔵 스토리짜기

농구는 중국에서 갈수록 사람들의 환영을 받고 있다. 농구는 신체에 어떤 이로운 점이 있을까? 첫 번째는 사람들의 근육을 단련시킬 수 있다. 두 번째는 단체 의식과 협동심을 향상하는데 도움이 된다. 세 번째는 청소년의 성장 발육을 촉진하고, 키가 크는데 도움이 된다. 그러나 운동할 때 우리는 자신을 보호하는데도 주의해야 한다.

🔵 문장쓰기

모범 답안

　　篮球在中国越来越受到人们的欢迎。打篮球对身体有哪些好处呢？一来，可以锻炼人的肌肉；二来，有利于提高集体意识，团结合作；三来，促进青少年的生长发育，有助于身体长高。但是运动时我们也要注意保护自己。

중요 어휘

- 受…欢迎　　shòu…huānyíng　~의 환영을 받다
- 有利于…　　yǒulìyú…　~에 이롭다
- 有助于…　　yǒuzhùyú…　~에 도움이 된다

第20课

因特网 인터넷

☐ 컴퓨터를 하다	打电脑 玩电脑	dǎ diànnǎo wán diànnǎo
☐ 데스크톱 컴퓨터	台式电脑	táishì diànnǎo
☐ 노트북	手提电脑 笔记本电脑	shǒutí diànnǎo bǐjìběn diànnǎo
☐ 태블릿 컴퓨터	平板电脑	píngbǎn diànnǎo
☐ 사용이 편리하다	使用方便	shǐyòng fāngbiàn
☐ 휴대에 편리하다	便于携带	biànyú xiédài
☐ 디지털 카메라	数码相机	shùmǎ xiàngjī
☐ 화소가 높다	色素高	sèsù gāo
☐ 화소가 낮다	色素低	sèsù dī
☐ 기능이 모두 갖추어져 있다	功能齐全	gōngnéng qíquán
☐ 새로운 모델 핸드폰	新款手机	xīnkuǎn shǒujī
☐ 새 상품을 출시하다	推出新产品	tuīchū xīn chǎnpǐn

☐ 인터넷	因特网 互联网	yīntèwǎng hùliánwǎng
☐ 웹서핑 하다	浏览网站	liúlǎn wǎngzhàn
☐ 뉴스를 훑어보다	浏览新闻	liúlǎn xīnwén
☐ 인터넷 채팅하다	网上聊天	wǎng shàng liáotiān
☐ 인터넷에서 물건을 구매하다	网上购物	wǎng shàng gòuwù
☐ 마우스를 클릭하다	点击鼠标	diǎnjī shǔbiāo
☐ 인터넷이 빠르다	网络很快	wǎngluò hěn kuài
☐ 인터넷이 보급됨에 따라	随着网络的普及	suízhe wǎngluò de pǔjí
☐ 인터넷이 발달함에 따라	随着网络的发展	suízhe wǎngluò de fāzhǎn
☐ 전자 우편을 확인하다	查看邮件	chákàn yóujiàn
☐ 전자 우편을 보내다	发电子邮件	fā diànzǐ yóujiàn
☐ 전자 우편을 받다	收电子邮件	shōu diànzǐ yóujiàn
☐ 인터넷 바이러스	网络病毒	wǎngluò bìngdú
☐ 컴퓨터가 바이러스에 걸리다	电脑中毒	diànnǎo zhòngdú
☐ 아이디를 입력하다	输入用户名	shūrù yònghùmíng
☐ 비밀 번호를 입력하다	输入密码	shūrù mìmǎ
☐ 자료를 검색하다	搜索资料	sōusuǒ zīliào
☐ 프로그램을 설치하다	安装软件	ānzhuāng ruǎnjiàn

"존현문"의 주어로 장소가 올 수 있다!

"我家来了客人."과 "客人来了我家." 중에서 어떤 문장이 "우리 집에 손님이 왔다."라는 의미로 사용될까요? 이 두 가지 표현 모두 어법적으로 맞는 표현이지만 의미상 차이가 있어요. 중국어의 특징 중에 하나가 주어는 화자와 청자가 모두 알고 있는 특정적인 것이 오고, 목적어는 불특정적인 것이 온다는 거예요. 이 규칙에 따르면, 첫 번째 문장의 주어는 "우리 집"이고, 목적어는 "손님"으로 이 손님은 화자가 예상하지 못했던 불특정적인 손님이에요. 두 번째 문장의 주어는 "손님"이고, 목적어는 "우리 집"이에요. 두 번째 문장의 주어인 "손님"은 화자가 미리 알고 있던 특정적인 손님이라는 것을 알 수 있겠네요.

우리는 주어로 사람이나 사물이 와야 한다고 생각하지만 첫 번째 문장처럼 장소가 오기도 해요. 이런 문장을 "존현문"이라고 해요. 결론적으로 말하면, 대상인 목적어의 존재·출현·소실을 나타내는 문장을 "존현문"이라고 하며, "존현문"은 "시간/장소(주어)+동사+목적어(대상)"의 기본 구조를 갖고 있어요.

🌀 존현문의 어법 규칙

❶ 문두의 장소사에 "从"이나 "在"로 시작하는 전치사구(✗)

   在桌子上放着一本书。(✗)
   桌子上放着一本书。(○) 책방에 책 한 권이 놓여 있다.

   从前面出来了一个孩子。(✗)
   前面出来了一个孩子。(○) 앞에서 한 아이가 나타났다.

❷ 비한정적인 목적어

   我们班转走了那个学生。(✗)
   我们班转走了一个学生。(○) 우리 반에 한 학생이 전학 갔다.

   右边来了那辆公共汽车。(✗)
   右边来了一辆公共汽车。(○) 뒤에서 버스 한 대가 왔다.

❸ 존현문에 자주 사용되는 동사

坐(zuò) 앉다	睡(shuì) 자다	站(zhàn) 서다	躺(tǎng) 눕다
围(wéi) 둘러싸다	停(tíng) 멈추다	住(zhù) 살다	摆(bǎi) 늘어놓다
放(fàng) 놓다	挂(guà) 걸다	刻(kè) 새기다	写(xiě) 쓰다
来(lái) 오다	跑(pǎo) 뛰다	出(chū) 나가다	过来(guòlái) 건너오다
进来(jìnlái) 들어오다	出来(chūlái) 나오다	出现(chūxiàn) 나타나다	消失(xiāoshī) 사라지다
丢(diū) 잃다	死(sǐ) 죽다		

쓰기 유형 ❶ 주어진 단어를 사용하여 하나의 문장을 만드세요.

① 过来   一个人   前边   走

➡ _____。

② 词典   放着   桌子上   一本

➡ _____。

③ 挂着   小玩具   她的   一个   书包上

➡ _____。

　　　　　주어　　술어　　　목적어
❶ 前边 + 走过来 + 一个人。
　앞에 한 사람이 걸어온다.
　→ "过来"는 방향보어이므로 술어 "走" 뒤에 놓고, 불특정 목적어인 "一个人"을 술어 뒤에 놓아요. 장소인 "前边"이 자연스럽게 주어 자리에 오면 존현문의 기본 형태인 "장소(주어)+동사+목적어(대상)"의 구조가 완성돼요.

　　　　주어　　술어　　　목적어
❷ 桌子上 + 放着 + 一本词典。
　탁자 위에 사전이 하나 놓여 있다.
　→ 동태조사가 들어있는 "放着"를 술어로 사용하고, 불특정 목적어인 "一本词典"을 술어 뒤에 놓아요. 장소인 "桌子上"이 자연스럽게 주어 자리에 오면 존현문의 기본 형태인 "장소(주어)+동사+목적어(대상)"의 구조가 완성돼요.

　　　　　주어　　　술어　　　목적어
❸ 她的书包上 + 挂着 + 一个小玩具。
　그녀의 책가방에는 작은 장난감 하나가 걸려 있다.
　→ 동태조사가 들어있는 "挂着"를 술어로 사용하고, 불특정 목적어인 "一个玩具"를 술어 뒤에 놓아요. 장소인 "书包上"이 자연스럽게 주어 자리에 오면 존현문의 기본 형태인 "장소(주어)+동사+목적어(대상)"의 구조가 완성돼요.

쓰기 유형 ❷

주어진 단어를 사용하여 80자 내외의 문장을 만드세요.

> 位置   适应   电脑   取消   了解

🔵 탐색하기

位置 wèizhi 명 위치

适应 shìyìng 동 적응하다
환경에 적응하다 适应环境, 사회에 적응하다 适应社会, 생활에 적응하다 适应生活

电脑 diànnǎo 명 컴퓨터
컴퓨터를 하다 打电脑, 컴퓨터를 사용하다 使用电脑

取消 qǔxiāo 동 취소하다
약속을 취소하다 取消约会, 모임을 취소하다 取消聚会

了解 liǎojiě 동 알다, 이해하다
상황을 이해하다 了解情况, 내용을 이해하다 了解内容, 업무를 이해하다 了解业务

🔵 스토리짜기

대학교를 졸업한 후에, 나는 비서라는 직업을 갖게 되었다. 컴퓨터 관련 지식에 대해 잘 알아서, 나는 아주 빨리 이 직업에 적응했다. 하루는 사장님이 나에게 중국 식당의 위치를 찾아본 후에, 두 자리를 예약하라고 했다. 하지만 그 후에 생각지도 못하게 사장님은 갑자기 일이 생겼고, 나는 하는 수 없이 두 자리를 취소했다.

🔵 문장쓰기

모범 답안

大学毕业以后，我找到了一个秘书的工作。因为我对电脑知识很了解，所以很快适应了这个工作。一天，老板让我查一家中国餐厅的位置，然后预定两个位子。可是后来没想到老板晚上突然有事，我只好把这两个位子取消了。

중요 어휘

- …以后   …yǐhòu   ~한 이후에
- 适应   shìyìng   ~에 적응하다
- 然后…   ránhòu…   그리고 나서

사진쓰기 공략

쓰기유형 ❸ 주어진 사진을 보고 80자 내외의 문장을 만드세요.

연상하기

컴퓨터와 지구본 그림 ┅▶ 인터넷이 전 세계를 하나로 연결해 줌 ┅▶ 인터넷 사용의 이점 서술 ┅▶ 인터넷 사용에 관한 개인적 일화 서술도 가능

스토리짜기

인터넷은 과학기술 발전의 산물이자, 정보화 시대의 상징이다. 인터넷은 비록 허구의 공간이지만, 그것의 편리함과 신속, 융통성 등의 다양한 이점은 인터넷이 점점 사람들의 환영을 받게 했다. 사람들은 집에 앉아서 즉각적으로 인터넷 서핑을 하고, 메일을 주고 받고, 자신이 알고 싶은 지식을 얻을 수 있다.

문장쓰기

모범 답안

网络，是科技发展的产物，也是信息时代的标志。尽管网络是一个虚拟的空间，但它的方便、快捷、灵活等多种优点，使它越来越受到人们的欢迎。人们坐在家中即可浏览网页、收发邮件、获得自己想知道的信息等等。

중요 어휘

- 信息时代　　xìnxī shídài 정보화 시대
- 尽管…但(是)　jǐnguǎn…dàn(shì) 비록 ~지만
- 使+사람+동사　shǐ+사람+동사
　　　　　　　(사람)으로 하여금 (동사)하게 하다
- 即可… jíkě…　즉시 ~할 수 있다

新 HSK 5급
쓰기 공략

기출모의고사

1회 | 2회 | 3회 | 4회 | 5회

三、书写

第一部分

第一部分，共8题。每题提供几个词语，要求考生用这几个词语写一个句子。

例如：发表　这篇论文　什么时候　是　的
　　　这篇论文是什么时候发表的?

91.　奶奶　帮她　干活儿　叫我

92.　成败　在　掌握　自己的手里

93.　佛塔　那座　悠久　历史

94.　你们　请　签字　在合同上

95.　表情　他妈妈的　不太　自然　显得

96.　方案　受到了　我们的　总经理的　重视

97.　把　忘掉了　聚会的事　王太太

98.　世界上　绝对完美　的　没有　人物

第二部分

第二部分,共2题。第一题提供几个词语,要求考生用这几个词语写一篇80字左右的短文;第二题提供一张图片,要求考生结合图片写一篇80字左右的短文。

99 请结合下列词语(要全部使用),写一篇80字左右的短文。

沙滩 暑假 晒 舒适 希望

100 请结合这张图片写一篇80字左右的短文。

三、书写

第一部分

第一部分,共8题。每题提供几个词语,要求考生用这几个词语写一个句子。

例如:发表　这篇论文　什么时候　是　的

这篇论文是什么时候发表的?

91. 新设备　需要进口　我们工厂　一批

92. 退　回来了　那封信　被邮局

93. 表情　显得　有点儿无奈　爷爷的

94. 不错　他们　今天的表现　相当

95. 着　和平　鸽子　象征　一般

96. 带进　别　把宠物　商场里

97. 希望保持　苗条的身材　女生　都

98. 左边的抽屉里　保险柜的　钥匙　在

第二部分

第二部分，共2题。第一题提供几个词语，要求考生用这几个词语写一篇80字左右的短文；第二题提供一张图片，要求考生结合图片写一篇80字左右的短文。

99 请结合下列词语(要全部使用)，写一篇80字左右的短文。

邀请　　打招呼　　渐渐　　魅力　　轻松

100 请结合这张图片写一篇80字左右的短文。

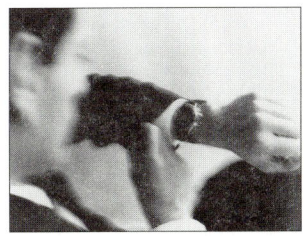

三、书写

第一部分

第一部分，共8题。每题提供几个词语，要求考生用这几个词语写一个句子。

例如：发表　这篇论文　什么时候　是　的
　　　<u>这篇论文是什么时候发表的?</u>

91　　在　工作　他　人事部门

92　　有　花　窗台上　一盆白色的

93　　自信的人　相当　是　李校长　个

94　　拍照　就　在大学时代　他太太　热爱

95　　客厅里　到处　都是　玩具　我孩子的

96　　建议我　医生　多　水果　吃

97　　得　这位男嘉宾　表现　出色　特别

98　　俱乐部　我们的　参赛资格　不具备

第二部分

第二部分，共2题。第一题提供几个词语，要求考生用这几个词语写一篇80字左右的短文；第二题提供一张图片，要求考生结合图片写一篇80字左右的短文。

99 请结合下列词语(要全部使用)，写一篇80字左右的短文。

结婚　庆祝　愿意　感谢　开心

100 请结合这张图片写一篇80字左右的短文。

三、书写

第一部分

第一部分，共8题。每题提供几个词语，要求考生用这几个词语写一个句子。

例如： 发表　这篇论文　什么时候　是　的

这篇论文是什么时候发表的？

91　不　下象棋　姑姑　喜欢

92　征求过　已经　对方的　意见　我们老板

93　充满了　总是　欢声笑语　屋子里

94　吃　医生　少　建议他　肉类

95　这个　非常高　项目的　利润

96　正　公司　破产　面临　他的

97　表现　在公司　很活跃　她　得

98　把　吧　这些玩具　送给　朋友

第二部分

第二部分，共2题。第一题提供几个词语，要求考生用这几个词语写一篇80字左右的短文；第二题提供一张图片，要求考生结合图片写一篇80字左右的短文。

99 请结合下列词语(要全部使用)，写一篇80字左右的短文。

餐厅　坚持　发脾气　吵架　惭愧

100 请结合这张图片写一篇80字左右的短文。

三、书写

第一部分

第一部分,共8题。每题提供几个词语,要求考生用这几个词语写一个句子。

例如:发表　这篇论文　什么时候　是　的
　　　这篇论文是什么时候发表的?

91　竞争　这两家单位　激烈　很

92　每一次机会　善于　要　把握　你们

93　充分　你的　不太　理由

94　一家中型企业　被　小丽　录取了

95　在　掌握　少数人手里　真理

96　那位老师　这个消息　把　弄糊涂了

97　他　考虑　很周到　得　为上司

98　一直　关系　亲密　非常　姐妹俩的

第二部分

第二部分，共2题。第一题提供几个词语，要求考生用这几个词语写一篇80字左右的短文；第二题提供一张图片，要求考生结合图片写一篇80字左右的短文。

99　请结合下列词语(要全部使用)，写一篇80字左右的短文。

健身房　苗条　坚持　轻松　效果

100　请结合这张图片写一篇80字左右的短文。

新 HSK 5급
쓰기 공략

기출모의고사
해 | 설 | 집

新 HSK 5급 쓰기 공략 기출모의고사 1회 모범 답안

三、书写

第一部分	91	奶奶叫我帮她干活儿。
	92	成败掌握在自己的手里。
	93	那座佛塔历史悠久。
	94	请你们在合同上签字。
	95	他妈妈的表情显得不太自然。
	96	我们的方案受到了总经理的重视。
	97	王太太把聚会的事忘掉了。
	98	世界上没有绝对完美的人物。
第二部分	99	略(생략)
	100	略(생략)

91 주어　　전치사구　　술어
　　奶奶 + 叫我 + 帮她干活儿。
　　할머니는 나보고 할머니를 도와 일을 하라고 하셨다.

→ "叫我"를 보고 겸어문(사역문)을 만들 준비를 해요. "叫我"뒤에 내가 하는 동작인 "帮她干活儿"을 놓고, 주어 자리에 "奶奶"를 두어 문장을 완성해요.

92 주어　　술어　　보어
　　成败 + 掌握 + 在自己的手里。
　　성공과 실패는 자신의 손에 달려있다.

→ "掌握在"는 "~에 장악되다"라는 뜻으로 주어 자리에 "成败"를 놓고, 술어 "掌握"뒤에 "在自己的手里"라는 전치사구 보어를 두어 문장을 완성해요.

93 주어　　술어
　　那座佛塔 + 历史悠久。
　　그 불탑은 역사가 유구하다.

→ "역사가 유구하다"라는 의미상 결합어 "悠久历史"를 찾아내서 술어로 사용하고 "지시사+양사+명사" 순서로 주어를 구성하여 문장을 완성해요.

94 경어　주어　　전치사구　　술어
　　请 + 你们 + 在合同上 + 签字。
　　당신들 계약서에 사인해 주세요.

→ "签字"를 문장의 술어로 사용하고 그 앞에 전치사구 "在合同上"을 놓아요. 주어 "你们" 앞에 "~해주세요"라는 경어 "请"을 놓아 문장을 완성해요.

95 주어　　　술어
　　他妈妈的表情 + 显得不太自然。
　　그의 엄마의 표정이 부자연스러워 보인다.

→ "显得"는 "~처럼 보이다"라는 뜻의 동사로 일반적으로 그 뒤에 형용사 및 동사 술어가 와요. "显得"뒤에 "不太自然"을 두고, 주어자리에 "他妈妈的表情"을 놓아 문장을 완성해요.

96 주어　　술어　　목적어
　　我们的方案 + 受到了 + 总经理的重视。
　　우리의 방안은 사장님의 인정을 받았다.

→ "受到了"라는 술어에 어울리는 목적어는 "重视"예요. 이를 기본으로 주술목구조의 문장을 완성해요.

97 주어　　전치사구　　술어
　　王太太 + 把聚会的事 + 忘掉了。
　　왕부인은 모임 일을 잊어버렸다.

→ "把"를 보고 "把자문"을 만들 준비를 해요. "把자문" 형식에 맞게 "주어+把+목적어+술어+기타성분"의 순서로 문장을 구성해요.

98 주어　　술어　　목적어
　　世界上 + 没有 + 绝对完美的人物。
　　세상에 절대적으로 완벽한 인물은 없다.

→ "没有"를 문장의 술어로 사용하고 "绝对完美"가 "人物"를 꾸며주도록 "绝对完美"와 "人物" 사이에 구조조사 "的"를 놓아 목적어를 만들어요. 장소사인 "世界上"을 주어자리에 놓으면 문장이 완성돼요.

99 핵심어인 "沙滩", "暑假"를 보고 여름방학에 해변가로 여행을 가는 이야기를 구상해요. 휴가지에서의 느낌은 "希望"을 사용하여 문장 마지막에 개인적 느낌과 감상의 형식으로 표현해요.

탐색하기

沙滩 shātān 명 모래 사장, 백사장
暑假 shǔjià 명 여름 방학
晒 shài 동 (햇빛을) 비추다
舒适 shūshì 형 편안하다, 쾌적하다
希望 xīwàng 동 희망하다, 바라다 명 희망

이야기짜기

여름 방학에 나는 해변가로 여행을 갔다. 이것은 내가 처음으로 부모님 없이 갔던 여행으로, 느낌이 아주 특별했다. 모래 사장을 보면서, 일광욕을 하는데, 마음이 가뿐하고 편안했다. 가장 기뻤던 일은, 아름다운 경치를 보면서, 학업 스트레스를 잊어버렸다. 나는 매 년 한 차례씩 이런 여행이 있기를 바란다.

모범 답안

		暑	假	我	去	海	边	旅	游	了	。	这	是	我	第
一	次	没	有	父	母	陪	伴	的	旅	行	，	感	觉	很	特
别	。	一	边	看	沙	滩	，	一	边	晒	太	阳	，	既	轻
松	又	舒	适	。	最	高	兴	的	是	，	看	着	美	丽	的
景	色	，	我	忘	记	了	学	习	的	压	力	。	所	以	我
真	希	望	每	年	都	有	一	次	这	样	的	旅	行	。	

• 중요 어휘

海边 hǎibiān 명 해변, 바닷가
陪伴 péibàn 동 동행하다
轻松 qīngsōng 형 홀가분하다, 편안하다
忘记 wàngjì 동 잊어버리다
旅游 lǚyóu 동 여행하다
旅行 lǚxíng 동 여행하다
景色 jǐngsè 명 경치
压力 yālì 명 스트레스

100 남자가 여자에게 반지를 끼워주면서 프러포즈를 하고 있어요. "반지를 끼다"라는 "戴戒指"와 "~에게 프러포즈하다"라는 의미의 "向+대상+求婚"형식을 사용하여 자유롭게 내용을 구성해요.

연상하기

남자가 여자에게 프러포즈하는 모습 ⋯▶ 남자가 여자에게 반지를 끼워주며 행복해 함 ⋯▶ 연애기간동안 겪었던 일들을 생각하며 감격함 ⋯▶ 행복한 미래를 희망함

이야기짜기

오늘 나는 여자친구에게 프러포즈를 했다. 나는 그녀에게 내가 직접 고른 결혼 반지를 끼워 주었다. 그녀의 행복한 웃음을 보니, 나의 마음도 매우 달콤했다. 우리가 겪은 모든 것이 생각나 내 마음은 감격스러웠다. 나는 앞으로의 생활에서 우리가 분명 한 쌍의 행복한 부부일 거라고 믿는다.

모범 답안

			今	天	我	向	女	朋	友	求	婚	了	。	我	为	她
戴	上	了	由	我	亲	自	挑	选	的	结	婚	戒	指	。	看	
着	她	幸	福	的	笑	容	，	我	的	心	里	也	非	常	甜	
蜜	。	想	起	我	们	经	历	的	一	切	，	我	心	中	充	
满	了	感	激	。	我	相	信	在	未	来	的	生	活	中	我	
们	一	定	是	一	对	幸	福	的	夫	妻	。					

• 중요 어휘

向…求婚 xiàng…qiúhūn ~에게 청혼하다, ~에게 프러포즈하다
挑选 tiāoxuǎn 동 선택하다
笑容 xiàoróng 명 웃는 표정
经历 jīnglì 동 겪다
充满 chōngmǎn 동 가득차다
对 duì 양 짝, 쌍

戴 dài 동 (신체)착용하다, 끼다, 쓰다, 차다
戒指 jièzhi 명 반지
幸福 xìngfú 명 행복 형 행복하다
甜蜜 tiánmì 형 달콤하다
一切 yíqiè 대 일체, 모두
感激 gǎnjī 동 감격하다
夫妻 fūqī 명 부부

新 HSK 5급 쓰기 공략 기출모의고사 2회 모범 답안

三、书写

	91	我们工厂需要进口一批新设备。
	92	那封信被邮局退回来了。
	93	爷爷的表情显得有点无奈。
第一部分	94	他们今天的表现相当不错。
	95	鸽子一般象征着和平。
	96	别把宠物带进商场里。
	97	女生都希望保持苗条的身材。
	98	保险柜的钥匙在左边的抽屉里。
第二部分	99	略(생략)
	100	略(생략)

---

91 我们工厂[주어] + 需要[조동사] + 进口[동사] + 一批新设备[목적어]。

우리 공장은 새로운 설비 한 차례 수입할 필요가 있다..

→ 조동사와 동사가 연결된 "需要进口"를 문장의 술어로 사용해요. "一批"는 수사와 양사가 결합된 구조로 "批"는 무리, 더미, 무더기를 나타내는 양사에요. 이 양사 뒤에 어울리는 명사는 새로운 설비라는 뜻의 "新设备"에요.

92 那封信[주어] + 被邮局[전치사구] + 退回来了[술어]。

그 편지는 우체국에 의해 되돌아왔다.

→ "被"를 보고 피동문을 만들 준비를 해요. 우체국에 의해 처치되는 대상인 "那封信"을 주어 자리에 놓고, 주어인 대상이 우체국에 의해 처치된 결과인 "退回来了"를 문장 맨 뒤에 놓아서 "대상+被+주체+술어"의 형식으로 피동문을 완성해요.

93 爷爷的表情[주어] + 显得[술어] + 有点无奈[보어]。

할아버지의 표정은 좀 어쩔 수 없어 보인다.

→ "显得"는 "~처럼 보이다"라는 의미의 동사로 그 뒤에 일반적으로 형용사 및 동사 술어가 와요. "显得"뒤에 동사 "无奈"라는 단어가 들어있는 "有点儿无奈"를 두고, 주어자리에 "爷爷的表情"을 놓아 문장을 완성해요.

94 他们今天的表现[주어] + 相当[부사] + 不错[술어]。

그들의 오늘 행동은 매우 괜찮았다.

→ "不错"를 문장의 술어로 하고, 술어 앞에 정도 부사인 "相当"을 놓아요. "他们今天的表现"을 주어를 만들어 문장을 구성해요.

95 鸽子[주어] + 一般[부사] + 象征着[술어] + 和平[목적어]。

비둘기는 일반적으로 평화를 상징한다.

→ 진행 및 지속을 나타내는 동태조사 "着"를 동사 "象征" 뒤에 놓고, 부사인 "一般"을 술어 앞에 놓아요. 주어 "鸽子"는 문장 맨 앞에, 목적어 "和平"은 술어 뒤에 놓아 문장을 완성해요.

96 别[부정부사] + 把宠物[전치사구] + 带[동사] + 进[방향보어] + 商场里[목적어]。

애완동물을 상점 안으로 데리고 들어오지 마세요.

→ "把"와 장소사 "商场里"를 보고 "把+목적어+동사+장소"형식의 "把자문"을 만들 준비를 해요. 부정부사 "别"는 "把"앞에 놓고, 방향보어 "进"은 동사 "带" 뒤에 놓아요. 술어 뒤에 목적어 "商场里"를 두어 문장을 완성해요. 이 문장은 명령문이기 때문에 주어가 생략되었어요.

97 女生[주어] + 都[부사] + 希望[조동사] + 保持[동사] + 苗条的身材[목적어]。

여자는 모두 날씬한 몸매를 유지하기를 바란다.

→ 조동사와 동사가 연결되어 있는 "希望保持"을 술어로 하고 그 뒤에 술어와 어울리는 목적어 "苗条的身材"를 놓아요. 주어 "女生"은 문장 맨 앞에 놓고, 범위부사 "都"는 주어와 술어 사이에 놓아 문장을 완성해요.

98 保险柜的钥匙[주어] + 在[술어] + 左边的抽屉里[목적어]。

금고의 열쇠는 왼쪽의 서랍 안에 있다.

→ "在"를 문장의 술어로 하고, "钥匙"를 수식해주는 "保险柜的"를 "钥匙"앞에 놓아 "保险柜的钥匙"라는 주어를 만들어요. "在"의 장소 목적어 "左边的抽屉里"는 "在"뒤에 놓아서 문장을 완성해요.

정답 및 해설

99 핵심어인 "邀请"과 "打招呼"의 의미를 고려하여, 초대를 하거나 받은 상황에서 누군가를 만나 인사하는 과정 및 감정을 자유롭게 써봐요.

● 탐색하기

邀请 yāoqǐng 〔동〕 초청하다, 초대하다
打招呼 dǎzhāohu 〔동〕 인사하다, 통지하다, 알리다
渐渐 jiànjiàn 〔부〕 점점, 점차
魅力 mèilì 〔명〕 매력
轻松 qīngsōng 〔형〕 수월하다, 가볍다

● 이야기짜기

내가 처음으로 여자 친구를 만났을 때, 그녀의 매력에 깊이 사로잡혔다. 그래서 나는 능동적으로 그녀에게 인사를 하고, 가볍게 그녀와 이야기를 하고, 헤어질 때 그녀에게 다음에 같이 밥을 먹자고 청했다. 바로 이렇게 우리는 점점 연인이 되었다. 미래에 그녀가 내 아내가 될 수 있기를 바란다.

● 모범 답안

		我	第	一	次	跟	女	朋	友	见	面	时	，	就	被
她	的	魅	力	深	深	地	吸	引	了	。	因	此	我	主	动
跟	她	打	招	呼	，	轻	松	地	跟	她	交	谈	，	离	开
时	邀	请	她	下	次	一	起	吃	饭	。	就	这	样	我	们
渐	渐	地	成	为	了	恋	人	。	希	望	未	来	她	能	成
为	我	的	妻	子	。										

● 중요 어휘

跟…见面 gēn…jiànmiàn ~와 만나다
主动 zhǔdòng 〔형〕 주동적이다
离开 líkāi 〔이합〕 떠나다
成为 chéngwéi 〔동〕 ~이 되다, ~로 변하다
吸引 xīyǐn 〔동〕 끌어당기다, 사로잡다
交谈 jiāotán 〔동〕 이야기하다
恋人 liànrén 〔명〕 연인
妻子 qīzi 〔명〕 아내

100 정장 차림의 한 남자가 시계를 보며 누군가를 기다리고 있어요. 이 상황에 맞게 이야기를 만들어 자유롭게 써봐요.

🔹 연상하기
남자가 손목시계를 보며 시간을 확인하고 있는 사진 ⋯▶ 약속시간이 지났지만 나타나지 않는 고객 ⋯▶ 약속의 중요성 서술 ⋯▶ 약속이 제대로 성사되기를 소망

🔹 이야기짜기
내가 시계를 보니 이미 열 시 삼십 분이다. 그러나 약속한 고객은 아직 도착하지 않았다. 오늘의 협상은 우리 회사에 매우 중요하다. 만약 협상이 이루어진다면 우리 회사가 직면한 곤란한 상황도 해결될 수 있고, 크게 발전할 수 있을 것이다. 그래서 나는 오늘의 협상이 순조롭게 체결되기를 바란다.

🔹 모범 답안

		我	看	了	看	手	表	，	已	经	10	点	半	了	，
可	是	约	好	的	客	户	还	没	到	。	今	天	的	谈	判
对	我	们	公	司	来	说	非	常	重	要	。	如	果	谈	成
，	不	但	能	够	解	决	公	司	面	临	的	困	难	，	而	且
还	能	有	更	大	的	发	展	。	所	以	我	希	望	今	天
的	合	同	能	顺	利	签	下	来	。						

> **• 중요 어휘**
>
> 约 yuē 〔동〕 약속하다
> 谈判 tánpàn 〔동〕 협상(하다), 담판(하다)
> 解决 jiějué 〔동〕 해결하다
> 困难 kùnnan 〔형〕 힘들다
> 合同 hétong 〔명〕 계약(서)
> 签 qiān 〔동〕 서명하다, 사인하다
>
> 客户 kèhù 〔명〕 고객, 손님
> 成 chéng 〔동〕 이루다, 성공하다
> 面临 miànlín 〔동〕 직면하다
> 发展 fāzhǎn 〔동〕 발전하다
> 顺利 shùnlì 〔형〕 순조롭다

정답 및 해설

新 HSK 5급 쓰기 공략 기출모의고사 3회 모범 답안

三、书写

第一部分	91	他在人事部门工作。
	92	窗台上有一盆白色的花。
	93	李校长是个相当自信的人。
	94	他太太在大学时代就热爱拍照。
	95	客厅里到处都是我孩子的玩具。
	96	医生建议我多吃水果。
	97	这位男嘉宾表现得特别出色。
	98	我们的俱乐部不具备参赛资格。
第二部分	99	略(생략)
	100	略(생략)

91 他(주어) + 在人事部门(전치사구) + 工作(술어)。
그는 인사부에서 일을 한다.

→ 문장의 술어는 "工作"예요. "在" 뒤에 "인사부"라는 뜻의 "人事部门"을 놓아 전치사구를 만들고 술어 앞에 놓아요. 주어 "他"는 술어 앞에 놓아 문장을 완성해요.

92 窗台上(주어) + 有(술어) + 一盆白色的花(목적어)。
창틀 위에 하얀 꽃 화분이 하나 있다.

→ "有"를 술어로 하는 존현문을 만들어요. 존현문의 어순인 "장소(주어)+술어+대상(목적어)"의 순서에 따라 "窗台上"을 문장 맨 앞에 놓아요. "花"를 꾸며주는 관형어 "一盆白色的"를 "花" 앞에 놓아 목적어를 만들고, 만든 목적어는 술어 뒤에 놓아 문장을 완성해요.

93 李校长(주어) + 是(술어) + 个相当自信的人(목적어)。
이 교장은 상당히 자신감 있는 사람이다.

→ "A는 B이다."라는 뜻의 "A是B"구조로 문장을 만들어요. 문장의 술어는 "是"이고, 주어는 "李校长"예요. "相当"은 정도부사이므로 형용사인 "自信"을 수식하도록 "自信人" 앞에 두고 양사 "个"를 "相当自信的人" 앞에 놓아 문장을 완성해요.

94 他太太(주어) + 在大学时代(시간사) + 就(부사) + 热爱(술어) + 拍照(목적어)。
그의 부인은 대학 시절에 사진 찍는 걸 매우 좋아했다.

→ "热爱"라는 술어와 어울리는 목적어는 "拍照"예요. "시간사+부사"의 순서로 부사어를 만들어 술어 앞에 두고, 문장 맨 앞에 주어를 놓아 문장을 완성해요.

95 客厅里(주어) + 到处都(부사) + 是(술어) + 我孩子的玩具(목적어)。
거실 안 도처에 다 내 아이의 장난감이 있다.

→ 존재를 나타내는 "장소+是+대상"의 순서로 문장을 만들어요. 장소사인 "客厅里"를 문장 맨 앞에 두고, 목적어 "我孩子的玩具"를 구성해 "是" 뒤에 놓아요. 부사는 주어 뒤, 술어 앞에 놓아 문장을 완성해요.

96 医生(주어) + 建议(술어) + 我多吃水果(목적어)。
의사는 나에게 과일을 많이 먹으라고 건의했다.

→ 술어 "建议" 뒤에 건의하는 내용이 오도록 하되, 제시된 단어를 보고 주술목구조의 문장을 만들어요. 주어 "我", 부사어 "多", 술어 "吃", 목적어 "水果"를 순서대로 연결하여 "建议"의 목적어를 만들고, 문장 전체의 주어 "医生"을 술어 앞에 두면 문장이 완성돼요.

97 这位男嘉宾(주어) + 表现(술어) + 得特别出色(보어)。
이 남자 게스트는 특별히 훌륭하게 보여주었다.

→ "得"는 보어를 만들어 주는 구조조사로 앞에는 술어가 와야 해요. 문장의 술어는 "表现"이므로, "주어+表现+得+보어"의 구조로 문장을 만들어요.

98 我们的俱乐部(주어) + 不具备(술어) + 参赛资格(목적어)。
우리 동호회는 시합 참가 자격을 갖추지 못했다.

→ 술어 "不具备"와 어울리는 목적어는 "参赛资格"예요. 관형어 "我们的"가 명사 "俱乐部"를 꾸며주도록 앞에 둬, 주어 "我们的俱乐部"를 만들고, 술어 앞에 두면 문장이 완성돼요.

99 핵심어인 "结婚", "庆祝"를 보고 결혼하는 부부와 이들을 축하해주는 하객을 떠올려봐요. "开心"을 사용하여 신랑과 신부의 즐거운 마음을 묘사하면 돼요.

🔹 탐색하기

结婚 jiéhūn [이합] 결혼하다 [명] 결혼
庆祝 qìngzhù [동] 경축하다, 축하하다
愿意 yuànyì [동] 바라다, 원하다
感谢 gǎnxiè [동] 감사하다 [명] 감사
开心 kāixīn [형] 기쁘다, 즐겁다, 유쾌하다

🔹 이야기짜기

오늘 친구가 결혼한다. 나는 결혼식에 갔다. 그들은 기쁘게 서로 반지를 끼워주었는데, 서로 일생을 사랑하기를 원한다는 것을 나타낸다. 그들의 신혼을 축하하기 위해, 모두가 축복하는 말을 해주었다. 동시에 결혼식에 와준 손님들에게 감사하기 위해, 신랑과 신부는 함께 손님에게 술을 권했다.

🔹 모범 답안

		今	天	朋	友	结	婚	,	我	去	参	加	婚	礼	。
他	们	开	心	地	互	戴	戒	指	,	表	示	愿	意	相	爱
一	生	。	为	了	庆	祝	他	们	的	新	婚	,	大	家	送
上	祝	福	的	话	。	同	时	也	为	了	感	谢	来	参	加
婚	礼	的	客	人	,	新	郎	和	新	娘	一	起	向	客	人
敬	酒	。													

> **• 중요 어휘**
>
> 婚礼 hūnlǐ [명] 결혼식
> 相爱 xiāng'ài [동] 서로 사랑하다
> 为了 wèile [전] ~위하여
> 新郎 xīnláng [명] 신랑
> 向…敬酒 xiàng…jìngjiǔ 술을 권하다
>
> 表示 biǎoshì [동] 나타내다
> 一生 yīshēng [명] 평생, 일생
> 新婚 xīnhūn [동] 막 결혼하다
> 新娘 xīnniáng [명] 신부

100 인터뷰하고 있는 그림을 보고 인터뷰와 관련된 상황과 감정을 자유롭게 표현하면 돼요.

● 연상하기

한 사람이 다른 사람을 인터뷰하는 사진 ···▶ 인터뷰를 맡게 된 심정 ···▶ 성공적인 인터뷰를 위한 준비 ···▶ 다짐 및 바람

● 이야기짜기

오늘 오후에는 인터뷰 하나가 있다. 이것은 기자가 된 후의 최초의 인터뷰 임무라서 특별히 긴장된다. 다행히도 어제 한 경험 있는 기자 선배가 나에게 몇 가지 가르침을 주어서, 이것이 나에게 자신감을 심어주었다. 나는 마음 속으로 내 자신에게 문제없을 거라고, 분명히 성공할 것이라고 말했다.

● 모범 답안

		今	天	下	午	我	有	一	个	采	访	。	这	是	当
记	者	后	的	第	一	个	采	访	任	务	,	所	以	特	别
紧	张	。	幸	好	昨	天	一	位	有	经	验	的	记	者	前
辈	给	了	我	一	些	指	导	,	这	使	我	增	加	了	很
大	的	信	心	。	我	在	心	里	告	诉	自	己	,	没	问
题	,	一	定	会	成	功	的	。							

• 중요 어휘

采访 cǎifǎng [동] 취재하다　　任务 rènwu [명] 임무
紧张 jǐnzhāng [형] 긴장하다　　幸好 xìnghǎo [부] 다행히
前辈 qiánbèi [명] 선배　　指导 zhǐdǎo [동] 지도하다
增加 zēngjiā [동] 증가하다　　信心 xìnxīn [명] 자신감
成功 chénggōng [동] 성공하다

新 HSK 5급 쓰기 공략 기출모의고사 4회 모범 답안

三、书写

	91	姑姑不喜欢下象棋。
	92	我们老板已经征求过对方的意见。
	93	屋子里总是充满了欢声笑语。
第一部分	94	医生建议他少吃肉类。
	95	这个项目的利润非常高。
	96	他的公司正面临破产。
	97	她在公司表现得很活跃。
	98	把这些玩具送给朋友吧。
第二部分	99	略(생략)
	100	略(생략)

91 주어 姑姑 + 술어 不喜欢 + 목적어 下象棋。
고모는 장기두는 것을 좋아하지 않는다.
→ 부정부사 "不"와 문장 전체의 의미를 생각해보면 "不"를 "喜欢" 앞에 놓고, "下象棋"를 "喜欢" 뒤 목적어 자리에 두어요. 주어 "姑姑"를 술어 앞에 놓으면 문장이 완성돼요.

92 주어 我们老板 + 부사 已经 + 술어 征求过 + 목적어 对方的意见。
우리 사장은 이미 상대방의 의견을 구한 적이 있다.
→ 경험을 나타내는 동태조사 "过"가 있는 "征求过"를 문장의 술어로 해요. "征求"와 어울리는 목적어 "意见"을 찾아 "征求意见"이라는 기본술목구조를 만들어요. 구조조사 "的"가 있는 "对方的"는 "意见"을 수식하도록 앞에 두고, 주어는 술어 앞에, 부사는 주어 뒤, 술어 앞에 놓아요.

93 주어 屋子里 + 부사 总是 + 술어 充满了 + 목적어 欢声笑语。
방안은 항상 환호성과 즐거운 이야기로 가득했다.
→ 완료를 나타내는 동태조사 "了"가 있는 "充满了"를 문장의 술어로 하고 "欢声笑语"를 목적어로 하여 문장을 구성해요. 주어는 술어 앞에, 부사는 주어 뒤, 술어 앞에 놓아 문장을 완성해요.

94 주어 医生 + 술어 建议 + 목적어 他少吃肉类。
의사는 그에게 육류를 적게 먹으라고 건의했다.
→ 술어 "建议" 뒤에 건의하는 내용의 문장을 만들어요. 주어 "他", 부사어 "少", 술어 "吃", 목적어 "肉类"를 순서대로 연결하여 "建议"의 목적어를 만들고, 문장 전체의 주어 "医生"을 술어 앞에 두면 문장이 완성돼요.

95 주어 这个项目的利润 + 부사 非常 + 술어 高。
이 프로젝트의 이윤은 매우 높다.
→ "非常高"를 술어로 하고, 나머지 단어로 주어를 만들어요. 형용사 술어문이기 때문에 목적어는 오지 않아요. "지시사+(수사)+양사+명사"의 순서에 따라 "这个项目的利润"이라는 주어를 만들어 문장 맨 앞에 두면 완성돼요.

96 주어 他的公司 + 부사 正 + 술어 面临 + 목적어 破产。
그의 회사가 지금 도산에 직면해 있다.
→ "직면하다"라는 뜻의 술어 "面临"과 어울리는 목적어 "破产"을 찾아 "面临破产"이라는 술목구조를 완성해요. "他的公司"라는 주어를 만들어 문장 맨 앞에 두고, 진행을 나타내는 부사 "正"은 주어 뒤, 술어 앞에 놓아 문장을 완성해요.

97 주어 她 + 부사 在公司 + 술어 表现 + 보어 得很活跃。
그녀는 회사에서 매우 활발하게 행동한다.
→ 구조조사 "得" 앞에는 술어가 뒤에는 보어구조가 와요. 술어 "表现"을 찾아 "得" 앞에 놓고 "表现"의 정도를 나타내는 "很活跃"를 "得" 뒤에 놓아요. 주어 "她"는 문장 맨 앞에, 부사어 "在公司"는 주어 뒤, 술어 앞에 놓아 문장을 완성해요.

98 전치사구 把这些玩具 + 술어 送 + 보어 给朋友 + 어기조사 吧。
이 장난감들을 친구에게 선물로 주자.
→ "把자문"의 기본 어순은 "(주어)+把+목적어+술어+기타성분"이에요. 제시된 단어에서 "把자문"의 구조에 맞는 단어를 찾아 배열하고, 어기조사 "吧"는 문장의 맨 끝에 놓아요.

99 내용 구성의 핵심이 되는 단어는 "餐厅"과 "吵架"에요. "餐厅"에서 "吵架"가 발생한 사건으로 이야기를 전개해요. 마지막 문장에 "惭愧"를 넣어 자신의 느낌 및 감상을 서술해요.

탐색하기

餐厅 cāntīng 명 식당, 음식점
坚持 jiānchí 동 계속하다, 견지하다, 꾸준히 하다
发脾气 fāpíqi 이합 화를 내다
吵架 chǎojià 이합 말다툼하다
惭愧 cánkuì 형 부끄럽다, 창피하다

이야기짜기

식당에서 아침을 먹을 때 친구가 나에게 일을 꾸준히 하지 못한다고 말해서 나는 매우 화가 났고 그래서 그와 싸웠다. 그러나 나중에 매우 후회가 됐고, 부끄러웠다. 오후에 친구를 만났을 때 먼저 그에게 사과를 했다. 이 일을 통해, 나는 다른 사람에게 화를 내지 말고, 더욱 다른 사람과 싸우지 말아야겠다고 결심했다.

모범 답안

在餐厅吃早餐时，朋友说我做事不能坚持，我非常生气，所以跟他吵了架。可是后来很后悔，觉得很惭愧。下午见到朋友时主动向他道了歉。经过这件事，我决心不再向别人发脾气，更不再跟别人吵架。

• 중요 어휘

早餐 zǎocān 명 아침식사
向…道歉 xiàng…dàoqiàn ~에게 사과하다
后悔 hòuhuǐ 동 후회하다
不再 búzài 더이상 ~하지 않다

100 여자가 학사모를 쓰고 합격통지서를 들고 있어요. "합격통지서"라는 "录取通知书"를 사용하여 대학교에 합격하게 된 과정과 느낌을 자유롭게 써봐요.

연상하기

학사모를 쓰고 합격통지서를 받은 학생의 사진 ⋯▶ 그동안의 고통과 지금의 행복감 ⋯▶ 앞으로의 꿈과 바람

이야기짜기

긴장된 졸업시험을 통과해, 그는 오늘 마침내 합격 통지서를 받았다. 비록 공부가 고생스러웠지만, 현재 마음은 행복하고 달콤하다. 과거의 노력이 모두 가치가 있다고 느껴진다. 게다가 그녀는 또 새로운 목표가 생겼는데, 대학 졸업 후 대학원 시험을 보는 것이다. 그녀는 노력하기만 하면 성공한다고 믿는다.

모범 답안

	通	过	了	紧	张	的	毕	业	考	试	，	今	天	她
终	于	拿	到	了	录	取	通	知	书	。	虽	然	学	习	辛
苦	，	但	是	现	在	心	里	既	幸	福	又	甜	蜜	。	觉
得	过	去	的	付	出	都	是	值	得	的	。	而	且	她	还
有	了	新	的	目	标	，	大	学	毕	业	后	要	考	研	究
生	。	她	相	信	只	要	努	力	就	会	成	功	。		

- 중요 어휘

通过 tōngguò 〔전〕 ~을 통해
终于 zhōngyú 〔부〕 결국, 마침내
辛苦 xīnkǔ 〔형〕 수고스럽다
值得 zhíde 〔동〕 ~할 가치가 있다
只要…就 zhǐyào…jiù ~하기만 하면 곧~

考试 kǎoshì 〔명〕 시험 〔동〕 시험을 치다
录取通知书 lùqǔ tōngzhīshū 〔명〕 합격통지서
付出 fùchū 〔동〕 지불하다, 들이다
目标 mùbiāo 〔명〕 목표

정답 및 해설

新 HSK 5급 쓰기 공략 기출모의고사 5회 모범 답안

三、书写

	91	这两家单位竞争很激烈。
	92	你们要善于把握每一次机会。
	93	你的理由不太充分。
第一部分	94	小丽被一家中型企业录取了。
	95	真理掌握在少数人手里。
	96	这个消息把那位老师弄糊涂了。
	97	他为上司考虑得很周到。
	98	姐妹俩的关系一直非常亲密。
第二部分	99	略(생략)
	100	略(생략)

91 주어 술어
这两家单位 + 竞争很激烈。
이 두 회사는 경쟁이 매우 치열하다.

→ 자주 함께 쓰이는 "경쟁이 치열하다"는 뜻의 "竞争激烈"를 찾아요. 의미를 고려하면 "这两家单位"가 주어이고, "竞争激烈"는 주술술어예요. 정도부사 "很"을 "竞争"과 "激烈" 사이에 놓으면 문장이 완성돼요.

92 주어 조동사 술어 목적어
你们 + 要 + 善于把握 + 每一次机会。
너희는 매 번의 기회를 잘 잡아야 한다.

→ 조동사 "要" 뒤에 "잘하다"라는 뜻의 동사 "善于"를 연결해요. 잘하는 대상 "把握机会"라는 조합을 만들어 술어 뒤 목적어 자리에 놓고, 주어 "你们"을 문장 맨 앞에 둬 완성해요.

93 주어 술어
你的理由 + 不太充分。
너의 이유는 충분하지 않다.

→ 부정부사 "不"와 정도부사 "太"의 조합인 "不太" 뒤에는 형용사가 와요. 형용사 "充分"을 "不太" 뒤에 놓아 형용사 술어문을 만들고, 주어 "你的理由"를 술어 앞에 놓아 문장을 완성해요.

94 주어 전치사구 술어
小丽 + 被一家中型企业 + 录取了。
샤오리는 한 중소기업에 채용되었다.

→ "被자문"을 만들어요. "채용하다"라는 뜻의 "录取"가 있는 술어 "录取了"를 가장 먼저 찾고, 채용된 객체 "小丽"를 주어 자리에 놓고, 채용한 주체 "一家中型企业"를 "被" 뒤에 놓아 문장을 완성해요.

95 주어 술어 보어
真理 + 掌握 + 在少数人手里。
진리는 소수 사람들의 손에 달려있다.

→ "掌握在"는 "~에 장악되다"라는 뜻으로 주어 자리에 "真理"를 놓고, 술어 "掌握" 뒤에 "在少数人手里"라는 전치사구 보어를 만들어 문장을 완성해요.

96 주어 전치사구 술어
这个消息 + 把那位老师 + 弄糊涂了。
이 소식은 그 선생님을 어리바리하게 만들었다.

→ "把자문"을 만들어요. "어리둥절하다"라는 뜻의 "弄糊涂了"를 술어로 하고, 혼란스럽게 한 주체 "这个消息"를 주어자리에 놓아요. 혼란스러워진 객체 "那位老师"은 "把" 뒤에 넣어 문장을 완성해요.

97 주어 전치사구 술어 보어
他 + 为上司 + 考虑 + 得很周到。
그는 상사를 위해 세심하게 고려했다.

→ 구조조사 "得"가 있으므로 앞에 술어를 뒤에 보어를 넣어요. "상사를 위해서"라는 뜻의 전치사구 "为上司"를 주어 뒤, 술어 앞에 놓아 문장을 완성해요.

98 주어 부사 술어
姐妹俩的关系 + 一直非常 + 亲密。
자매 둘의 관계는 줄곧 매우 친밀했다.

→ 형용사 "亲密"를 술어로 하고, 부사 "一直"과 "非常"은 주어 뒤, 술어 앞에 놓아요. 주어 "姐妹俩的关系"를 만들어 문장 맨 앞에 놓으면 완성돼요.

99. 핵심어인 "健身房"과 "坚持"를 사용해서 헬스장에서 운동을 꾸준히 하는 내용을 설정하여 자유롭게 표현해요.

탐색하기

健身房 jiànshēnfáng 명 헬스클럽
苗条 miáotiao 형 날씬하다
坚持 jiānchí 동 계속하다, 꾸준히 하다
轻松 qīngsōng 형 가뿐하다, 수월하다
效果 xiàoguǒ 명 효과

이야기짜기

날씬한 몸매를 갖기 위해, 꾸준히 헬스클럽에 가서 운동했을 뿐 아니라, 또한 건강한 식습관을 유지하려고 주의했다. 이외에도 그녀는 또 매일 충분한 수면을 취했다. 그녀는 이렇게 해 나가기만 하면 분명히 수월하게 다이어트 효과에 다다를 수 있을 것이라고 믿는다.

모범 답안

		为	了	拥	有	苗	条	的	身	材	,	她	不	但	坚
持	去	健	身	房	做	运	动	,	而	且	还	注	意	保	持
健	康	的	饮	食	习	惯	。	除	此	以	外	,	她	还	保
证	每	天	有	足	够	的	睡	眠	时	间	。	她	相	信	只
要	这	样	坚	持	下	去	,	就	一	定	能	够	轻	松	达
到	减	肥	的	效	果	。									

• 중요 어휘

拥有 yōngyǒu 동 소유하다
注意 zhùyì 동 주의하다
除此以外 chú cǐ yǐ wài 이 밖에, 이외에
睡眠 shuìmián 명 잠, 수면

身材 shēncái 명 몸매
饮食 yǐnshí 명 음식
足够 zúgòu 형 충분하다
减肥 jiǎnféi 이합 살을 빼다

정답 및 해설

100 축구를 하려는 남자의 사진을 보고 축구와 관련된 경험과 느낌을 자유롭게 써봐요.

◉ 연상하기

축구를 하려는 남자의 사진 ⇢ 축구와 관련된 자신의 바람 ⇢ 현재 자신의 상황 ⇢ 개인의 느낌 서술

◉ 이야기짜기

어제 축구 경기를 하나 보러 갔다. 정말 훌륭했다. 어렸을 적부터 축구를 좋아해서 계속 축구 선수가 되고 싶었다. 그러나 체력이 약해서 꿈을 이룰 수가 없었다. 비록 슬펐지만, 나는 포기하지 않을 것이다. 사람은 일생동안 많은 꿈이 있을 수 있다. 나는 새로운 꿈을 위해서 계속 노력할 것이다.

◉ 모범 답안

		昨	天	去	看	了	一	场	足	球	比	赛	。	精	彩
极	了	。	因	为	从	小	就	喜	欢	足	球	,	所	以	一
直	想	当	足	球	运	动	员	。	可	是	因	为	体	质	太
弱	,	没	能	实	现	。	虽	然	难	过	,	但	我	不	会
放	弃	。	人	的	一	生	会	有	很	多	梦	想	,	我	会
为	了	新	的	梦	想	继	续	努	力	的	。				

• 중요 어휘

场 chǎng 양 (오락, 체육, 문예) 번, 차례
精彩 jīngcǎi 형 (공연, 문장, 전시회) 훌륭하다
体质 tǐzhì 명 체력
实现 shíxiàn 동 실현하다
放弃 fàngqì 동 포기하다

比赛 bǐsài 명 경기, 시합
极了 jíle 정도가 극도로 높음
弱 ruò 형 약하다
难过 nánguò 형 힘든 나날을 보내다, 괴롭다
继续 jìxù 동 계속하다

쓰기연습용 답안지 OMR 1

91.
92.
93.
94.
95.
96.
97.
98.
99.

100.

쓰기연습용 답안지   OMR 2

쓰기연습용 답안지 OMR 3

91.
92.
93.
94.
95.
96.
97.
98.
99.
100.

쓰기연습용 답안지   OMR 4

91.
92.
93.
94.
95.
96.
97.
98.
99.

100.

쓰기연습용 답안지

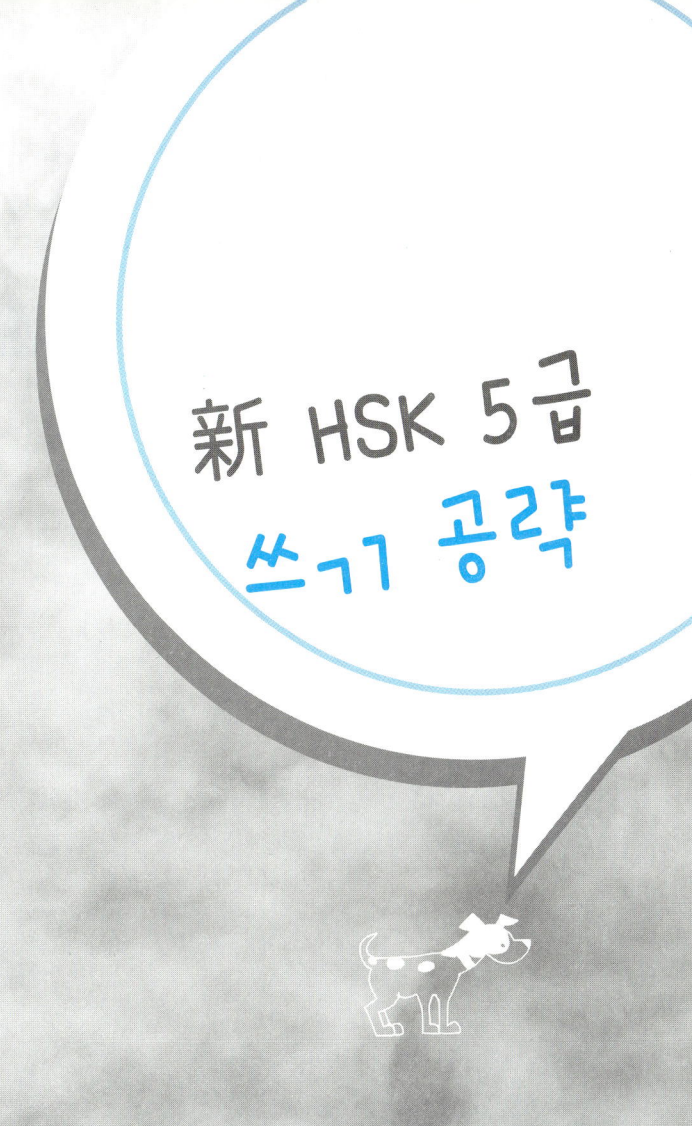

新 HSK 5급
쓰기 공략

색인

색인

A

爱好	àihào	취미
安全	ānquán	안전하다
按照	ànzhào	~에 따라서
安装	ānzhuāng	설치하다

B

拜年	bàinián	세배하다
棒球	bàngqiú	야구
帮助	bāngzhù	돕다
保持	bǎochí	유지하다
报告	bàogào	보고서, 보고하다
保护	bǎohù	보호하다
暴雨	bàoyǔ	폭우
背	bèi	외우다
本来	běnlái	본래
本钱	běnqián	밑천
变化	biànhuà	변화하다
便于	biànyú	~하기에 편리하다
标志	biāozhì	표지, 나타내다
比较	bǐjiào	비교적, 비교하다
笔记本电脑	bǐjìběn diànnǎo	노트북
病毒	bìngdú	인터넷 바이러스
比赛	bǐsài	경기, 시합
不懈	bù xié	해이해지지 않다
不用	bú yòng	~할 필요가 없다
不得不	bùdébù	하는 수 없이
不管	bùguǎn	~에 관계없이
不过	búguò	그러나
不仅	bùjǐn	~뿐만 아니라
补习班	bǔxíbān	학원

C

菜单	càidān	차림표
参观	cānguān	참관하다, 견학하다
参加	cānjiā	(조직활동 등) 참여하다
残疾人	cánjírén	장애인
餐厅	cāntīng	음식점
参与	cānyù	참여하다
刺激	cìjī	자극, 자극하다, 흥미롭다
差	chà	모자라다, 부족하다
查	chá	찾다
吃惊	chījīng	놀라다
唱歌	chànggē	노래를 하다
场所	chǎngsuǒ	장소
产品	chǎnpǐn	상품
产物	chǎnwù	산물
炒鱿鱼	chǎo yóuyú	해고하다
炒股	chǎogǔ	주식 투자를 하다
超过	chāoguò	초과하다, 넘기다
吵架	chǎojià	말다툼하다
潮流	cháoliú	조류
吵闹	chǎonào	시끄럽다
超速	chāosù	속도 위반
差异	chāyì	차이
车祸	chēhuò	차 사고
成绩	chéngjì	성적
乘客	chéngkè	승객
承认	chéngrèn	인정하다
诚实	chéngshí	성실하다, 정직하다
成为	chéngwéi	~이 되다
趁着	chènzhe	~을 틈타
迟到	chídào	지각하다, 늦다
出发	chūfā	출발하다
出国	chūguó	출국하다

出门	chūmén	외출하다		蛋白质	dànbáizhì	단백질
春夏秋冬	chūn xià qiū dōng	봄여름가을겨울		单词	dāncí	단어
春节	Chūnjié	음력 설		当地	dāngdì	현지
出现	chūxiàn	나타나다, 나오다		单身贵族	dānshēn guìzú	독신, 솔로
宠坏	chǒng huài	버릇이 없다		担心	dānxīn	걱정하다
充分	chōngfèn	충분하다		到处	dàochù	도처에
充满	chōngmǎn	가득 차다		到底	dàodǐ	도대체
抽出	chōuchū	뽑아내다, 추출하다		到来	dàolái	도래하다
抽烟	chōuyān	흡연하다		道歉	dàoqiàn	사과하다
吹	chuī	바람불다, 헤어지다		倒数	dàoshǔ	꼴찌를 하다
传统	chuántǒng	전통(의)		导致	dǎozhì	야기하다
除了	chúle	~을 제외하고		大气	dàqì	대기
处理	chǔlǐ	처리하다		打扫	dǎsǎo	청소하다
次	cì	~회, ~번 (동작의 횟수를 세는 양사)		第一名	dì yī míng	일등
词汇	cíhuì	어휘		等	děng	등(열거)
慈祥	cíxiáng	자상하다		等待	děngdài	기다리다
词语	cíyǔ	어휘		第一次	dì yī cì	첫 번째
粗心	cūxīn	덜렁대다		点菜	diǎncài	요리를 주문하다
从	cóng	~로 부터		电话	diànhuà	전화
从事	cóngshì	종사하다		点击	diǎnjī	클릭하다
促进	cùjìn	촉진하다		电脑	diànnǎo	컴퓨터
错误	cuòwù	잘못		电视	diànshì	TV
				钓鱼	diàoyú	낚시하다
				地道	dìdao	진짜의, 본고장의

D

				地点	dìdiǎn	지점, 장소
打	dǎ	때리다		地理	dìlǐ	지리
答案	dá'àn	정답		订婚	dìnghūn	약혼을 하다
打发	dǎfa	(시간을) 보내다		顶撞	dǐngzhuàng	반박하다, 말대꾸하다
打工	dǎgōng	아르바이트를 하다		地球	dìqiú	지구
打光棍儿	dǎguānggùnr	노총각으로 살다		地铁	dìtiě	지하철
带	dài	데리다, 지니다		懂	dǒng	이해하다
代沟	dàigōu	세대차(이)		动作	dòngzuò	동작
打架	dǎjià	몸싸움하다		兜风	dōufēng	바람을 쐬다, 드라이브를 하다
打雷	dǎléi	천둥이 치다				

색인

段	duàn	한동안, 얼마간(시간, 공간의 거리를 나타내는 양사)
锻炼	duànliàn	단련하다, 운동하다
端午节	Duānwǔjié	단오절
堵车	dǔchē	차가 막히다
对待	duìdài	대하다, 대처하다
对方	duìfāng	상대방
对象	duìxiàng	배우자
度假	dùjià	방학/휴가를 보내다
顿	dùn	(식사의) 끼니
堵塞	dǔsè	(가로)막다
读书	dúshū	책을 읽다, 공부하다

E

恶化	èhuà	악화, 악화되다
而且	érqiě	게다가

F

发	fā	보내다
发达	fādá	발달하다
罚单	fádān	벌금 통지서
法院	fǎyuàn	법원
发挥	fāhuī	발휘하다
罚款	fákuǎn	벌금, 벌금을 물다
饭菜	fàncài	음식
反常	fǎncháng	비정상이다
放爆竹	fàng bàozhú	폭죽을 터뜨리다
放鞭炮	fàng biānpào	폭죽을 터뜨리다
方便	fāngbiàn	편리하다
方法	fāngfǎ	방법
房价	fángjià	방값
放假	fàngjià	방학하다, 휴가를 보내다
方式	fāngshì	방식
放松	fàngsōng	이완하다, 긴장을 풀다
访问	fǎngwèn	방문하다
放学	fàngxué	하교하다
防止	fángzhǐ	방지하다
犯罪	fànzuì	범죄
发生	fāshēng	발생하다
发现	fāxiàn	발견하다
发音	fāyīn	발음
发育	fāyù	자라나다
发展	fāzhǎn	발전하다
丰富	fēngfù	풍부하다
风光	fēngguāng	풍경
风景	fēngjǐng	풍경, 경치
丰盛	fēngshèng	풍성하다
风俗	fēngsú	풍속
分明	fēnmíng	분명하다
分手	fēnshǒu	헤어지다
肥胖症	féipàngzhēng	비만증
费用	fèiyong	비용
份	fèn	부(신문, 간행물의 양사)
夫妻	fūqī	부부
复习	fùxí	복습하다
抚养	fǔyǎng	부양하다

G

改变	gǎibiàn	변화하다, 바꾸다
感兴趣	gǎn xìngqù	흥미를 느끼다
干脆	gāncuì	차라리, 깨끗이
感到	gǎndào	느끼다, 생각하다
感动	gǎndòng	감동하다
干净	gānjìng	깨끗하다
钢琴	gāngqín	피아노
感觉	gǎnjué	느낌, 느끼다

赶快	gǎnkuài	빨리, 잽싸게
感冒	gǎnmào	감기
赶上	gǎnshàng	따라잡다
感谢	gǎnxiè	감사하다
高不成, 低不就	gāo bù chéng, dī bù jiù	높은 것은 얻을 수없고, 낮은 것은 눈에 차지 않는다
高峰期	gāofēngqī	러시아워
跟不上	gēn bù shàng	따라갈 수 없다
根据	gēnjù	~을 근거로
革命	gémìng	혁명(하다)
公布	gōngbù	(공지사항 등) 공포하다
工具	gōngjù	도구
功能	gōngnéng	기능
恭喜发财	gōng xǐ fā cái	돈 많이 버세요
公园	gōngyuán	공원
沟通	gōutōng	의사소통하다
购物	gòuwù	물건을 사다
刮风	guāfēng	바람이 불다
规律	guīlǜ	규율. 법칙. 규칙
逛	guàng	거닐다. 노닐다
广泛	guǎngfàn	광범위하다
逛街	guàngjiē	거리를 돌아다니다
观光	guānguāng	관광하다
观看	guānkàn	참관하다, 관찰하다
关心	guānxīn	관심을 갖다
关注	guānzhù	관심을 갖다
规则	guīzé	규칙
古典	gǔdiǎn	고전적이다
过程	guòchéng	과정
过年	guònián	설을 쇠다, 새해를 맞다
国庆节	Guóqìngjié	국경일
过头	guòtóu	(정도가) 지나치다
股票	gǔpiào	주식
固执	gùzhí	고집이 있다

H

海边	hǎibiān	바닷가
海鲜	hǎixiān	해산물
孩子	háizi	아이
行业	hángyè	직업, 업무 분야
寒假	hánjià	겨울 방학
寒冷	hánlěng	춥다
好不容易	hǎobùróngyì	간신히 ~하다
好处	hǎochu	장점
好奇	hàoqí	호기심을 느끼다
和	hé	조화롭다, 어울리다
合不来	hé bù lái	잘 맞지 않다
合得来	hé de lái	잘 맞다
合理	hélǐ	합리적이다
和睦	hémù	화목하다
合作	hézuò	합작(하다)
婚礼	hūnlǐ	결혼식
婚纱	hūnshā	웨딩드레스
婚姻	hūnyīn	혼인, 결혼생활
红绿灯	hónglǜdēng	신호등
滑雪板	huá xuěbǎn	보드를 타다
滑冰	huábīng	스케이트를 타다
划船	huáchuán	배를 젓다
恢复	huīfù	회복하다
怀孕	huáiyùn	임신을 하다
环境	huánjìng	환경
环球	huánqiú	지구를 돌다
欢心	huānxīn	환심
欢迎	huānyíng	환영하다
花钱	huāqián	돈을 쓰다
话题	huàtí	화제
滑雪	huáxuě	스키를 타다
回国	huíguó	귀국하다

색인

会议	huìyì	회의
互联网	hùliánwǎng	인터넷
获得	huòdé	얻다
活动	huódòng	활동, 행사
或者	huòzhe	또는

J

几乎	jīhū	거의
积极	jījí	적극적이다
精彩	jīngcǎi	뛰어나다, 훌륭하다
经常	jīngcháng	자주
经过	jīngguò	~을 거쳐
经历	jīnglì	겪다, 경험
精神	jīngshén	정신
经验	jīngyàn	경험
肌肉	jīròu	근육
挤	jǐ	혼잡하다
加班	jiābān	야근하다
加快	jiākuài	가속하다
件	jiàn	일, 안건의 양사
坚持	jiānchí	계속하다, 견지하다
坚定	jiāndìng	확고히 하다, 굳히다, 결연하다
减肥	jiǎnféi	다이어트를 하다
降低	jiàngdī	낮추다
健康	jiànkāng	건강하다
减轻	jiǎnqīng	경감하다
减少	jiǎnshǎo	감소하다
健身房	jiànshēnfáng	헬스클럽
见识	jiànshi	견문
建议	jiànyì	건의
交	jiāo	제출하다, 교부하다
教室	jiàoshì	교실
交通	jiāotōng	교통
交往	jiāowǎng	왕래하다
教育	jiàoyù	교육
饺子	jiǎozi	만두
假期	jiàqī	방학, 휴가
加强	jiāqiáng	강화하다
驾驶	jiàshǐ	운전하다
家庭	jiātíng	가정
家园	jiāyuán	낙원
家长	jiāzhǎng	가장, 학부모
驾照	jiàzhào	운전 면허증
结巴	jiēba	말을 더듬거리다
接触	jiēchù	접촉하다
接受	jiēshòu	받아들이다
结构	jiégòu	구조, 조직
解雇	jiěgù	해고하다
结果	jiéguǒ	결과적으로
结婚	jiéhūn	결혼하다
解决	jiějué	해결하다
结束	jiéshù	끝나다
结账	jiézhàng	결재하다, 결산하다
节奏	jiézòu	리듬
计划生育	jìhuà shēngyù	중국의 산아 제한 정책 (한 가정 한 자녀 낳기 운동)
即可	jíkě	즉시
进	jìn	들어가다
进度	jìndù	진도
警察	jǐngchá	경찰
景色	jǐngsè	경치
尽情	jìnqíng	마음껏, 실컷
进入	jìnrù	들어가다
进修	jìnxiū	연수하다
紧张	jǐnzhāng	긴장하다
禁止	jìnzhǐ	금지하다
即使	jíshǐ	설령
技术	jìshù	기술

祭祀	jìsì	차례를 지내다		可以	kěyǐ	할 수 있다
集体	jítǐ	집단, 단체		恐怖	kǒngbù	무섭다, 공포스럽다
就	jiù	곧		空气	kòngqì	공기
酒店	jiǔdiàn	호텔		空闲	kòngxián	한가하다, 여유롭다
久而久之	jiǔ ér jiǔ zhī	시간이 지나면		快餐店	kuàicāndiàn	패스트 푸드점
酒席	jiǔxí	술자리, 연회		快捷	kuàijié	빠르다, 민첩하다
均衡	jūnhéng	균형이다		快乐	kuàilè	즐겁다, 유쾌하다
居然	jūrán	뜻밖에		酷热	kùrè	매우 덥다
聚餐	jùcān	회식				
决定	juédìng	결정하다				
决心	juéxīn	결심하다				
聚会	jùhuì	모이다, 모임		垃圾	lājī	쓰레기
举行	jǔxíng	거행하다		垃圾食品	lājī shípǐn	정크 푸드
				垃圾饮料	lājī yǐnliào	정크 음료
				篮球	lánqiú	농구
				老板	lǎobǎn	사장
开夜车	kāi yèchē	밤을 새다		劳动节	Láodòngjié	노동절
开除	kāichú	해고하다		老公	lǎogōng	남편
开会	kāihuì	회의를 하다		老龄化	lǎolínghuà	노령화
开阔	kāikuò	넓히다		老婆	lǎopo	아내
开胃	kāiwèi	입맛을 돋구다		冷	lěng	춥다
开心	kāixīn	즐겁다		乐器	yuèqì	악기
卡拉OK	kǎlā OK	가라오케		恋爱	liàn'ài	연애를 하다
卡路里	kǎlùlǐ	칼로리		凉快	liángkuai	시원하다
考鸭蛋	kǎo yādàn	빵점을 맞다		连连	liánlián	계속해서
考卷	kǎojuàn	시험지		联系	liánxì	연락하다
考试	kǎoshì	시험보다, 시험		练习	liànxí	연습하다
考砸	kǎozá	시험을 망치다		了解	liǎojiě	알다, 이해하다
考糟	kǎozāo	시험을 망치다		聊天	liáotiān	잡담하다
科技	kējì	과학기술		理财	lǐcái	재산을 관리하다, 재테크하다
科目	kēmù	과목		立场	lìchǎng	입장
课	kè	과목		厉害	lìhai	(정도가) 심하다
可见	kějiàn	~로 알 수 있다		理解	lǐjiě	이해하다
可想而知	kě xiǎng ér zhī	미루어 짐작할 수 있다		立刻	lìkè	즉시, 즉각

색인

礼貌	lǐmào	예의, 예절, 예의 바르다
另	lìng	또 다른
领导	lǐngdǎo	상사
灵活	línghuó	민첩하다
临时	línshí	임시로, 그때가 되어
例如	lìrú	예를 들면
历史	lìshǐ	역사
浏览	liúlǎn	훑어보다
流利	liúlì	유창하다
流行	liúxíng	유행하다
留学	liúxué	유학하다
例外	lìwài	예외
利息	lìxī	이자
理想	lǐxiǎng	이상적이다
礼仪	lǐyí	예의
利用	lìyòng	이용하다
乱	luàn	어지럽다
录音	lùyīn	녹음
旅游	lǚyóu	여행하다

M

慢	màn	느리다
满足	mǎnzú	만족하다
矛盾	máodùn	모순, 다툼
美好	měihǎo	좋다
美丽	měilì	아름답다
美满	měimǎn	아름답고 원만하다
美容院	měiróngyuàn	미용실
美食	měishí	맛있는 음식
没想到	méixiǎngdào	뜻밖에, 생각지도 못했다
密码	mìmǎ	비밀 번호
名列前茅	míng liè qián máo	일 이등을 하다, 성적이 좋다
名落孙山	míng luò sūn shān	꼴등을 하다, 성적이 좋지 않다
名胜古迹	míngshèng gǔjì	명승고적지
蜜月	mìyuè	신혼, 밀월

N

拿	ná	들다
难	nán	어렵다
难得	nándé	얻기 어렵다
难免	nánmiǎn	면하기 어렵다
内容	nèiróng	내용
能力	nénglì	능력
年龄	niánlíng	나이, 연령
宁可	nìngkě	설령 ~할지라도
弄得	nòngde	~한 상태로 만들다
暖和	nuǎnhuo	따뜻하다

P

怕	pà	두려워하다
拍马屁	pāi mǎpì	아부를 떨다
排球	páiqiú	배구
乒乓球	pīngpāngqiú	탁구
盼望	pànwàng	바라다
跑步	pǎobù	달리기를 하다
批评	pīpíng	야단치다
爬山	páshān	등산하다
陪伴	péibàn	동행하다
佩服	pèifú	감탄하다, 탄복하다
培养	péiyǎng	(정신, 의식, 사고 등)을 기르다
疲劳	píláo	피로를 느끼다
平板电脑	píngbǎn diànnǎo	태블릿 컴퓨터
破坏	pòhuài	파괴하다, 훼손하다

普遍	pǔbiàn	보편적이다		人民	rénmín	인민, 국민
普及	pǔjí	보급되다		认真	rènzhēn	성실하다
				日久生情	rì jiǔ shēng qíng	날이 갈수록 정이 들다
				日益	rìyì	나날이

Q

期末考试	qīmò kǎoshì	기말고사
清楚	qīngchu	정확하다
清除	qīngchú	치우다, 제거하다
倾盆大雨	qīngpéndàyǔ	장대비
亲戚	qīnqī	친척
亲自	qīnzì	직접
谦虚	qiānxū	겸손하다
骑车	qíchē	자전거를 타다
起床	qǐchuáng	기상하다
气氛	qìfēn	분위기
请教	qǐngjiào	가르침을 청하다
情节	qíngjié	줄거리
情况	qíngkuàng	상황
情绪	qíngxù	정서, 기분
齐全	qíquán	완전히 갖추다
歧视	qíshì	경시하다, 냉대하다
球迷	qiúmí	구기 종목 팬
球赛	qiúsài	구기 종목
其中	qízhōng	그 중에서
全国	quánguó	전국
缺乏	quēfá	부족하다
去向	qùxiàng	행방
取消	qǔxiāo	취소되다

S

司机	sījī	운전기사
散心	sànxīn	기분을 전환하다
三天打鱼，两天晒网	sāntiān dǎyú liǎngtiān shàiwǎng	작심삼일
色素	sèsù	화소
闪电	shǎndiàn	번개
上班族	shàngbānzú	직장인, 샐러리맨
上课	shàngkè	수업하다
上司	shàngsi	상사
上学	shàngxué	등교하다
赏月	shǎngyuè	달을 구경하다
上涨	shàngzhǎng	오르다
山水	shānshuǐ	산수
赡养	shànyǎng	(자식이 부모를) 봉양하다
失误	shīwù	실수하다
失约	shīyuē	약속을 어기다
失足	shīzú	실족하다
声调	shēngdiào	성조
声音	shēngyīn	목소리
生长	shēngzhǎng	성장하다
社会	shèhuì	사회
时代	shídài	시대
事故	shìgù	사고
事故率	shìgùlǜ	사고율
实惠	shíhuī	실리적이다
实话实说	shíhuà shíshuō	사실대로 말하다
世面	shìmiàn	세상 물정
食品	shípǐn	식품

R

让座	ràngzuò	자리를 양보하다
扔	rēng	버리다
人生地不熟	rén shēng dì bù shú	사람이 낯설고 지역이 익숙하지 않다

색인

事情	shìqing	일, 사건
十全十美	shí quán shí měi	완벽하다
事事如意	shì shì rú yì	모든 일이 잘되길 빕니다
食堂	shítáng	식당
适宜	shìyí	적합하다
使用	shǐyòng	사용하다
舒服	shūfu	편하다
舒缓	shūhuǎn	완만하다
收	shōu	받다
手提电脑	shǒutí diànnǎo	노트북
首先	shǒuxiān	먼저
守约	shǒuyuē	약속을 지키다
数一数二	shǔ yī shǔ èr	일 이등을 하다
鼠标	shǔbiāo	마우스
水质	shuǐzhì	수질
暑假	shǔjià	여름방학
数码相机	shùmǎ xiàngjī	디지털 카메라
收拾	shuōshi	거두다, 수습하다
四季	sìjì	사계절
搜索	sōusuǒ	검색하다
虽然	suīrán	비록
速度	sùdù	속도
随着	suízhe	~함에 따라서
损害	sǔnhài	해치다
宿舍	sùshè	기숙사
素质	sùzhì	인성

T

态度	tàidu	태도
台式电脑	táishì diànnǎo	데스크톱 컴퓨터
谈不来	tán bù lái	말이 잘 안 통한다
谈得来	tán de lái	말이 잘 통한다
趟	tàng	차례, 번
碳水化合物	tànshuǐ huàhéwù	탄수화물
碳酸	tànsuān	탄산
弹奏	tánzòu	연주하다
讨	tǎo	초래하다, 야기하다
讨厌	tǎoyàn	싫어하다
填鸭式	tiányāshì	주입식
条	tiáo	가늘고 긴 물건의 양사
调整	tiáozhěng	조정하다
提高	tígāo	제고하다
提供	tígòng	제공하다
体重	tǐzhòng	체중
突破	tūpò	돌파하다
突然	tūrán	갑작스럽다
通过	tōngguò	~을 통해서
痛快	tòngkuài	통쾌하다
同样	tóngyàng	같다
偷偷	tōutōu	몰래
投资	tóuzī	투자
推出	tuīchū	출시하다
团聚	tuánjù	온 가족이 한 자리에 모이다
团圆饭	tuányuánfàn	명절에 가족이 함께 모여서 먹는 밥
拖堂	tuōtáng	(교사가) 수업 종료 시간을 끌다

W

晚餐	wǎncān	저녁식사
旺季	wàngjì	성수기
网络	wǎngluò	네트워크
网球	wǎngqiú	테니스
网站	wǎngzhàn	인터넷 사이트
晚会	wǎnhuì	저녁 모임
万事如意	wàn shì rú yì	모든 일이 잘되길 빕니다
玩水	wánshuǐ	물놀이를 하다

危害	wēihài	손상시키다
温暖	wēnnuǎn	따뜻하다
温柔	wēnróu	온화하다
温馨	wēnxīn	온화하고 향기롭다, 따뜻하다
胃口	wèikǒu	입맛
未来	wèilái	미래
为了	wèile	~하기 위해서
卫生	wèishēng	위생적이다, 청결하다
位置	wèizhi	위치
位子	wèizi	자리
文化	wénhuà	문화
文凭	wénpíng	졸업증
污染	wūrǎn	오염, 오염시키다
无聊	wúliáo	심심하다

辛苦	xīnku	고생스럽다
新款	xīnkuǎn	새로운 양식
心情	xīnqíng	기분
欣赏	xīnshǎng	감상하다, 좋아하다, 맘에 들다
心态	xīntài	심리상태
新闻	xīnwén	뉴스, 소식
信息	xìnxī	소식, 정보
希望	xīwàng	희망하다
吸烟	xīyān	흡연하다
下降	xiàjiàng	내리다
下课	xiàkè	수업이 끝나다
现代人	xiàndàirén	현대인
想	xiǎng	생각하다
项目	xiàngmù	항목, 종목
想念	xiǎngniàn	그리워하다
相亲	xiāngqīn	맞선을 보다
享受	xiǎngshòu	누리다

先进	xiānjìn	선진
限制	xiànzhì	제약을 받다
小皇帝	xiǎohuángdì	(중국의 한 가정 한 자녀 정책으로 온 가족이 떠받들어 키운 아이) 소황제
消极	xiāojí	소극적이다, 부정적이다
效率	xiàolǜ	효율
消磨	xiāomó	소모시키다
孝顺	xiàoshùn	공경하다
小偷	xiǎotōu	도둑
夏天	xiàtiān	여름
携带	xiédài	휴대하다
性别	xìngbié	성별
幸福	xìngfú	행복하다
性格	xìnggé	성격
行李	xíngli	짐
信心	xìnxīn	자신하다, 자신감
喜糖	xǐtáng	결혼 축하 사탕을 먹다, 국수를 먹다
秀丽	xiùlì	수려하다
虚拟	xūnǐ	허구하다, 사실처럼 꾸미다
虚心	xūxīn	겸손하다
需要	xūyào	필요하다
选拔	xuǎnbá	선발하다
宣布	xuānbù	선포하다
选择	xuǎnzé	선택하다
学科	xuékē	학문 분야
学业	xuéyè	학업

衣服	yīfu	옷
衣来伸手, 饭来张口	yī lái shēn shǒu, fàn lái zhāng kǒu	(혼자서 아무것도 할 줄 모르는 중국의 아이를 형용하는 말) 옷이 오면 손을 내밀고, 밥이 오면 입을 벌린다
压力	yālì	스트레스

색인

阴沉沉	yīnchénchén	어둑어둑하다
因此	yīncǐ	그래서
养成	yǎngchéng	양성하다, 기르다
严格	yángé	엄격하다
烟鬼	yānguǐ	골초
眼界	yǎnjiè	시야
烟民	yānmín	흡연자
演说	yǎnshuō	연설하다
因特网	yīntèwǎng	인터넷
阴天	yīntiān	흐린 날
严重	yánzhòng	심각하다
要求	yāoqiú	요구하다, 요구
压岁钱	yāsuìqián	세뱃돈
业余	yèyú	여가(의)
一辈子	yíbèizi	한평생
一定	yídìng	반드시
意见	yìjiàn	의견
一见钟情	yí jiàn zhōng qíng	첫 눈에 반하다
影响	yǐngxiǎng	영향을 미치다, 영향
营养	yíngyǎng	영양
银行	yínháng	은행
引人	yǐnrén	사람을 이끌다
饮食	yǐnshí	음식
一切	yíqiè	전부
宜人	yírén	마음에 들다
意识	yìshí	의식
遗址	yízhǐ	유적지
意志	yìzhì	의지
用户名	yònghùmíng	아이디
拥挤	yōngjǐ	붐비다
用途	yòngtú	용도
优美	yōuměi	뛰어나게 아름답다
优秀	yōuxiù	우수하다
有益	yǒuyì	유익하다
游泳	yóuyǒng	수영하다
由于	yóuyú	그래서
油炸	yóuzhá	기름에 튀기다
元旦	Yuándàn	양력 설
原来	yuánlái	원래
原谅	yuánliàng	용서하다
原因	yuányīn	원인
预报	yùbào	예보(하다)
约定	yuēdìng	약속한 시간
约会	yuēhuì	약속(하다)
月饼	Yuèbǐng	월병
越来越	yuèláiyuè	점점 더
语法	yǔfǎ	어법
预防	yùfáng	예방하다
瑜伽	yújiā	요가
愉快	yúkuài	유쾌하다
娱乐	yúlè	오락
羽毛球	yǔmáoqiú	배드민턴
运动	yùndòng	운동하다, 운동
语言	yǔyán	언어

Z

资料	zīliào	자료
早生贵子	zǎo shēng guì zǐ	일찍 자식을 낳다
早餐	zǎocān	아침식사
早晨	zǎochén	아침
造成	zàochéng	야기하다
增进	zēngjìn	증진하다
增长	zēngzhǎng	성장하다, 증가하다
支持	zhīchí	버티다, 지지하다
脂肪	zhīfáng	지방
占	zhàn	차지하다
掌握	zhǎngwò	장악하다, 정복하다

展开	zhǎnkāi	펼치다		自然	zìrán	자연스럽다, 자연
展览会	zhǎnlǎnhuì	전람회		自杀	zìshā	자살
照顾	zhàogù	돌보다		子孙满堂	zǐ sūn mǎn táng	자손이 넘치다
照片	zhàopiàn	사진		自由	zìyóu	자유롭다, 자유
知识	zhīshi	지식		自助旅行	zìzhù lǚxíng	배낭 여행
争吵	zhèngchǎo	논쟁하다		遵守	zūnshǒu	준수하다
正好	zhènghǎo	때마침, 딱 좋다		走路	zǒulù	길을 걷다
值班	zhíbān	당직을 서다		最后	zuìhòu	마지막으로
指导	zhǐdǎo	지도하다		作弊	zuòbì	커닝을 하다
值得	zhíde	~할 가치가 있다		做题	zuòtí	문제를 풀다
只好	zhǐhǎo	하는 수 없이		作用	zuòyòng	작용, 역할, 효과
只要	zhǐyào	~하기만 하면		左右	zuǒyòu	좌우하다
职员	zhíyuán	직원		足球	zúqiú	축구
执照	zhízhào	면허증		阻止	zǔzhǐ	막다, 저지하다
中秋节	Zhōngqiūjié	중추절				
终身大事	zhōng shēn dà shì	인륜지대사				
重视	zhòngshì	중시하다				
众所周知	zhòng suǒ zhōu zhī	모두가 알다				
重要	zhòngyào	중요하다				
种族	zhǒngzú	종족, 인종				
周末	zhōumò	주말				
昼夜	zhòuyè	주야, 낮밤				
抓	zhuā	꽉 잡다				
撞倒	zhuàngdǎo	부딪혀 넘어지다				
壮观	zhuàngguān	장관이다				
专心	zhuānxīn	열중하다				
祝福	zhùfú	축복하다, 빌다				
逐渐	zhújiàn	점점				
注目	zhùmù	주목하다				
准备	zhǔnbèi	준비하다				
逐年	zhúnián	해마다				
准时	zhǔnshí	정각에, 시간을 잘 지키다				
主人	zhǔrén	주인				
注意	zhùyì	주의하다				

memo

저자	고은미
발행인	이기선
발행처	제이플러스
편집	김효선·여정애
디자인	한민혜
마케팅	김홍태
등록번호	제10-1680호
등록일자	1998년 12월 9일

초판발행 2011년 9월 15일

주소	서울시 마포구 월드컵로 31길 62 제이플러스
전화	(02)332-8320
팩스	(02)332-8321
홈페이지	www.jplus114.com
ISBN	978-89-94632-31-5

● 잘못된 책은 교환해 드립니다.
● 저자의 허락 없이 무단 전재나 복제를 금합니다.